사운드 파워

サウンドパワー わたしたちは、いつのまにか「音」に誘導されている!?

SOUND POWER WATASHITACHIHA, ITSUNOMANIKA 'OTO' NI YUDOUSARETE IRU!?

Copyright © 2019 by Chiho Mitaylor

Original Japanese edition published by Discover 21, Inc., Tokyo, Japan

Korean edition published by arrangement with Discover 21, Inc. through BC Agency.

사운드 파워

경제·정치·교육·의료에 이르기까지 혁신적인 소리 비즈니스 전략

미테일러 치호 지음 | 이정미 옮김

SOUND
POWER

더숲

인간의 마음을 움직이는 소리의 힘

뉴욕 줄리아드 음악 학교에서 피아노 연주를 배운 저는 클래식 음악 연주자에서 소리 탐구자가 되었습니다. 음악이 '종이 위의 점(음표)' 이상이라는 사실을 깨달았기 때문입니다. 먼저 음표 위에 찍힌 '•'를 예로 들어보겠습니다. 이는 스타카토라는 기호로, 음을 짧게 끊어 연주하라는 뜻입니다. 하지만 똑같이 짧게 끊어 연주하더라도 어떻게 짧게 끊느냐에 따라 소리가 달라집니다.

이러한 소리는 일상생활에서도 쉽게 들을 수 있습니다. 와인잔 윗부분을 금속 머들러로 '땡!' 하고 두드리는 소리, 목어木魚를 두드리는 소리, 범종을 금속 망치로 두드리는 소리, 물웅덩이에 물방울 하나가 떨어지는 소리 등은 모두 짧게 끊어지는 소리입니다.

줄리아드 음악 학교에서는 연주곡의 악보를 더 주의 깊게 읽는 공부를 했습니다. 그 결과 '종이 위의 점' 하나하나를 도대체 어떤 소리를 생각하며 찍었는지 깊이 생각하게 되었습니다. 앞서 얘기한 스타카토를 예로 들면, 작곡가가 어떻게 '짧게 끊어지는 소리'를 의도했는지 깊이 파고들며 상상하는 것입니다.

이러한 음악의 바탕에는 나무들이 바람에 흔들리는 소리, 새들이 지저귀는 소리, 성난 파도 소리, 사람들이 이야기하는 소리, 아이들이 웃는 소리 등 우리가 평소 듣는 소리가 있습니다. 그러나 작곡가들이 쓴 악보에는 이런 소리가 표현되지 않습니다. 한정된 기호로 어떻게든 의미를 전해야 하는 악보에는 한계가 있기 때문입니다.

우리가 실제 듣는 음악에는 악보에 표기된 것보다 훨씬 더 많은 정보가 들어 있습니다. 악기를 연주하는 것은 곧 악보에 숨어 있는 정보를 알아내 표현하는 일입니다. 이를 깨달은 뒤로는 악보에 숨어 있는 작곡가의 의도를 정성 들여 읽어내려고 노력하게 되었습니다. 동시에 일상에서 그냥 지나치던 소리에도 주의 깊게 귀를 기울이게 되었습니다.

여름방학을 맞아 귀국했을 때 친구들이 데려간 식당에서 '지글지글' 햄버그스테이크가 익는 소리를 들었습니다. 눈앞에서 완성된 햄버그스테이크에 소스를 뿌리니 '지글지글' 소리가 더 커졌습니다. 지금 이렇게 컴퓨터 앞에 앉아 '지글지글' 소리를 떠올리니 그때 먹은 햄버그스테이크의 맛과 설레던 마음이 되살아나 햄버그스테이크를 또 먹고 싶어졌습니다.

이처럼 일상 속 사소한 소리가 효과를 발휘해 사람들에게 다양한 느낌을 준다는 것을 깨달았습니다. 그리고 그만큼 소리의 다양함과 깊이에 관심이 커졌습니다. 다행인지 불행인지 뉴욕 맨해튼은 24시간 잠들지 않는 곳으로 소리를 탐구하기에는 더할 나위 없이 좋은 환경이었습니다.

그렇게 소리에 대한 관심은 줄어들지 않았고, 공부를 마치고 나서도 은사이신 R. 에이브럼슨 박사의 지도 아래 소리표현연구실에서 연구하게 되었습니다. 그러다가 다양한 업종의 민간기업을 대상으로 소리를 활용한 마케팅, 경영전략 컨설팅, 먹고 마시는 감각 기능 컨설팅, 공간 사운드 컨설팅, 업무 환경 조성(생산 효율 증대와 스트레스 감소) 컨설팅 등을 할 기회가 있었습니다. 지금은 행정기관에서 소리 표현(사운드 익스프레션)을 어떻게 전략적으로 활용할지 분석하고 있습니다.

소리는 사적 영역은 물론 공적 영역에서도 빼놓을 수 없는 존재이므로 그 탐구에는 종착역이 없습니다. 과제를 하나 해결하면 또 다른 과제가 나타납니다. 오래 비행할 때 감자칩을 먹으면 더 맛있습니다. 옆자리에서 소리가 들리지 않게 틀어놓은 액션 영화는 어딘지 재미가 덜해 보입니다. 장을 보러 갔다가 목록에 없는 물건을 삽니다. 가보고 싶었던 가게에 드디어 갔는데 왠지 불편해서 금방 나오고 맙니다. 무심코 들어간 음식점이 어쩐지 편안해서 오래 있게 됩니다. 이런 일들의 배경에는 '소리'가 있습니다.

이처럼 우리의 감정, 기억, 행동은 우리가 알지 못하는 사이에 소리와 깊은 관계를 맺고 있습니다. 우리에게는 어머니 배 속에 있을 때부터 지금까지 수많은 소리의 기억이 쌓여 있습니다.

주변 소리에 귀를 기울이면 평소 눈치채지 못했던 사소한 소리의 엄청난 위력을 깨달을 수 있습니다. 지금 이 순간에도 무슨 소리가 들릴 텐데요. 이 책이 이런 '사운드 파워'를 인식하는 계기가 된다면 정말 기쁠 것입니다.

미테일러 치호

CONTENTS

제8장 미각과 식감의 사운드 파워

제9장 육아와 교육의 사운드 파워

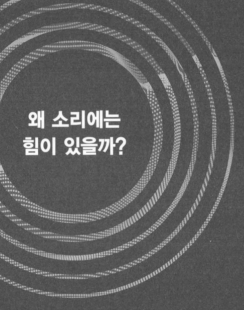

제1장

**왜 소리에는
힘이 있을까?**

'소리'라는 말을 들으면 무엇이 떠오르나? 강연할 때 청중에게 이 질문을 하자 가장 많이 나온 대답이 음악이었다. 다음으로 피아노, 트럼펫, 드럼 같은 악기 소리, 그다음이 노랫소리였다. 이들은 모두 '음악'이다. 소리 음音이라는 한자 때문인지 사람들은 쉽게 '소리=음악'이라는 이미지를 갖는 듯하다. 그러나 영어에서 소리는 'SOUND', 음악은 'MUSIC'으로 서로 다른 존재다. 그리고 이 책에서는 사운드, 즉 '소리'의 힘을 이야기하려고 한다. '소리=음악'이라는 선입견을 내려놓고 새롭게 주변 소리에 귀를 기울여보자. 어떤 소리가 들려오나?

대화를 나누는 소리, 자동차나 지하철 같은 탈것의 소리,

나무가 바람에 흔들리는 소리, 빗방울이 떨어지는 소리, 작은 새들이 기분 좋게 지저귀는 소리, 노랫소리, 구급차의 사이렌 소리, 에어컨 소리, 컴퓨터 키보드 소리, 복사기가 돌아가는 소리, 식기가 부딪치는 소리, 요리하는 소리, 옆 사람의 기침 소리, 책장 넘기는 소리, 발소리, 음식을 씹는 소리…….

'소리=음악'이라는 선입견을 버리면 우리 주변에 셀 수 없이 다양한 소리가 넘쳐난다는 사실을 발견하게 된다. 소리는 우리 생활과 떼려야 뗄 수 없는 관계가 있다. 그렇기에 잘 활용하면 큰 강점이 된다. 소리의 힘이 바로 '사운드 파워'다. 사운드 파워의 세계로 들어가기 전에 먼저 그 힘에는 무엇이 있는지 살펴보자.

소리는 아주 다양한 정보들을 전달한다

소리는 눈에 보이지 않고 형체도 없지만 매우 다양한 정보를 우리에게 전달해준다. 대표적인 것을 몇 가지 소개하겠다.

음색, 음계

⦿ 익숙한 도레미 조합으로 연주되는 음악. 이 소리를 음색

과 음계로 구분할 수 있다.

- 목소리 음색. 음색으로 목소리 주인공이 누구인지, 남성인지 여성인지, 몇 살쯤 먹었는지 등을 추측할 수 있다.

거리와 방향, 움직임

- 구급차가 멀리서 사이렌을 울리며 다가오다가 다시 멀어지는 소리. 소리를 들으며 눈에 보이지 않는 무언가가 존재하는 방향과 그곳까지 거리가 어느 정도인지 알 수 있다.
- 지하철 통로에 있을 때 등 뒤에서 누군가 걷는 발소리. 소리는 자기 등 뒤에 누가 있는지, 오른쪽에 있는지 왼쪽에 있는지, 서두르는지 등을 알려준다. 소리를 듣고 눈에 보이지 않는 상대방의 행동을 감지한다.

우리는 또 소리가 전달하는 정보를 조합해 더 자세한 정보를 읽어내고 그것이 떠올리는 기억과 감정을 다양한 행동과 연결하기도 한다. 다음과 같은 예를 들 수 있다.

위험을 피한다

- 길을 걸을 때 들리는 자동차 엔진 소리와 경적. 소리에 의지해 자동차가 어느 방향에서 어느 정도 속도로 다가

오는지 예리하게 알아챔으로써 위험을 피한다.

상태 변화를 감지한다

◉ 바쁜 아침, 맛있는 차를 마시기 위해 물을 끓이는 주전
자에서 나는 쉭쉭거리는 소리. 소리를 듣고 물이 끓는다
는 것을 안다.

감정을 느끼거나 읽을 수 있다

◉ 바닷가에 밀려왔다가 밀려가는 파도 소리. 소리를 듣고
편안함을 느낀다.
◉ 사랑하는 사람의 목소리. 내용이 아니라 소리에서 그 사
람의 감정을 읽는다.

청각 정보는 시각 정보보다
두 배 빠르게 뇌에 전달된다

소리는 말할 것도 없이 '시각, 청각, 촉각, 미각, 후각'이라는
다섯 가지 감각기능 중 청각이 감지한다. 오감 중 우리가 가장
의지하는 것은 시각이다. 일반적으로 시각에서 얻는 정보의
양은 청각에서 얻는 정보의 양보다 훨씬 많다. 그러나 청각이

시각보다 우세한 것도 있는데 자극에 반응하는 속도다.

시각에서 얻은 자극은 뇌에 도달하는 데 20~40밀리초 걸리지만 청각에서 얻은 자극은 8~10밀리초 걸린다.[1] 청각으로 얻은 정보에 반응하는 속도가 시각으로 얻은 정보에 반응하는 속도보다 두 배 이상 빠르다는 연구 결과도 있다.

구체적인 예로 육상경기를 떠올려보자. 100미터 달리기 기록에는 '출발'이 가장 큰 영향을 미친다고 한다. 즉 '빵!' 하는 총소리를 듣고 얼마나 빨리 출발하느냐가 중요하다. 2009년 육상선수 우사인 볼트가 100미터 달리기에서 9초 58로 세계기록을 갈아치웠다. 출발할 때 볼트의 반응 시간은 무려 '0.146초'다. 자극이 뇌에 도달해 근육을 움직이기까지 걸리는 시간을 생각하면, 볼트는 인간이 자극에 반응하는 시간을 최대한 활용했다고 볼 수 있다.

여기서 만약 깃발을 흔들거나 신호의 색이 달라지는 등 시각 정보를 사용했다면 어떻게 되었을까? 시작 신호에 반응해서 출발하기까지 걸리는 시간이 훨씬 더 길어졌을 것이다. 이러한 속도 차이는 정보 처리의 프레임 수에도 나타난다. 시각 정보는 1초에 약 25프레임(40밀리초에 1프레임)을 처리할 수 있다고 한다(참고로 영화 필름은 1초에 24프레임이고 디즈니 애니메이션도 1초에 24프레임이다). 반면 청각 정보는 1초에 약 200프레임(5밀리초에 1프레임)을 처리할 수 있다. 따라서

청각의 정보 처리 능력은 시각의 정보 처리 능력의 8배라는
계산이 나온다.

청각은 모든 방향을
24시간 감시한다

청각이 시각보다 우위에 있다는 증거는 반응 속도 말고도
여러 가지가 있다. 먼저 청각은 24시간 쉼 없이 정보를 수집
한다. 시각처럼 눈을 깜빡이는 일도 없고 눈을 감아 정보를
차단하는 일도 없다. 게다가 머리 좌우에 하나씩 달린 귀는
상하, 좌우, 전후 모든 방향에서 소리를 감시한다. 그래서 우
리는 자는 동안에도 소리를 감지하며 위험을 포착했을 때는
잠에서 깨어날 수 있다.
이처럼 '소리의 강점'을 생각해보면 소리를 활용할 기회
가 도처에 있다는 사실을 알 수 있다. 그리고 소리는 실제로
다양한 분야에서 활용된다. 평소 알아차리지 못할 뿐 우리는
다양한 상황에서 소리의 영향을 받는다. 다음에는 '사운드
파워'가 성공적으로 활용되는 사례들을 살펴보겠다.

제2장

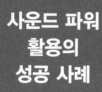

**사운드 파워
활용의
성공 사례**

SOUND POWER

미국과 캐나다, 유럽의 기업들은 비즈니스를 개선하는 힘을 지닌 사운드의 중요성에 주목하기 시작했다. 비즈니스뿐만 아니라 교육, 의료, 정치 등 다양한 분야에서도 사운드 파워를 활용하고 있다. 구체적인 예를 몇 가지 들어보겠다.

미국 매출 1위를 달성한
'얌전한' 광고의 비결

사운드 파워를 온전히 활용해 성공한 사례로 한 기업의 껌 광고를 들 수 있다.

기차 창가에 아버지와 어린 딸이 마주 보고 앉아 껌을 씹고 있다. 아버지가 껌 포장지로 학을 접어 건네면 딸은 그 학을 받아든다. 평온하고 단순한 음악이 흐르는 가운데 종이학을 중심으로 딸이 성장하는 장면이 펼쳐진다.

비가 오나 눈이 오나 심지어 딸 생일에도 아버지는 학을 접어 딸에게 살며시 건넨다. 시간이 더 흘러 딸이 부모 곁을 떠나는 날이 찾아온다. 딸의 짐을 차로 옮기던 아버지가 작은 상자를 떨어뜨리는데 거기서 쏟아져 나온 것은 종이학이다. 종이학을 집어 든 아버지는 딸의 성장 과정과 딸과 함께한 추억을 떠올린다.

이때 내레이션이 나온다. "Sometimes little things, last the longest……."(때로는 작은 것이 가장 오래갑니다…….) 마지막으로 녹색 배경에 흰 글씨로 "give Extra GET extra"라는 상품 문구가 나오며 광고가 끝난다.(이 광고는 유튜브에서 'extra gum father daughter commercial'로 검색하면 볼 수 있다.)

약 1분간 계속되는 광고 영상에서 상품은 마지막 문구를 포함해 세 번밖에 나오지 않는다. 심지어 내레이션은 마지막 몇 초 전까지 나오지 않는데도 이 '얌전한' 광고는 큰 성공을 거두었다.

광고가 방송된 뒤 미국 전역의 무설탕껌 총매출 25억

5,000만 달러 중 이 기업 매출이 4억 5,000달러를 차지했다. 차별화하기 어렵고 경쟁이 치열한 껌 시장에서 매출 1위를 기록한 것이다. 사실 이는 모두 계산되었으며 재현이 가능한 전략이다. 영상보다 사운드 면에서 더욱 그렇다.

이 광고가 사운드 면에서 특수했던 점은 다음과 같다.

- 처음부터 감정을 북돋는 음악을 사용하지 않았다.
- 단순한 음과 리듬을 사용했다.
- 기업명을 곧바로 보여주지 않았다.
- 내레이션과 대사를 넣지 않았다.
- 부녀의 성장에 맞춰 조금씩 속도를 높였다.
- 대사는 맨 마지막의 상품 내레이션뿐이었다.
- 부녀 사이의 따뜻한 감정과 상품명을 연결했다.['Extra' 껌으로 'Extra(특별한)' 추억을]

그러면 광고 장면별로 어떤 사운드 효과가 있었는지 살펴보자. 부녀가 차창 옆에 마주 앉아 있는 장면에서는 심장 박동보다 느리게 라(A4: 방송에서 시간을 알리는 음과 똑같음)에서 솔(G4), 파(F4)로 하강한다. 하강하는 멜로디는 시간을 거슬러 올라가는 이미지를 떠오르게 한다. 이것이 시청자를 부녀의 추억 속으로 이끈다.

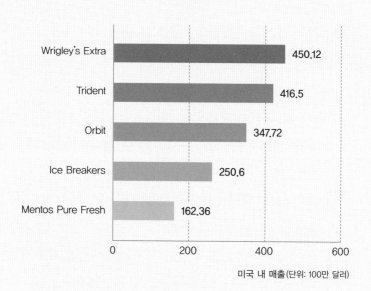

| 미국의 껌 매출 |

Wrigley's Extra 450.12
Trident 416.5
Orbit 347.72
Ice Breakers 250.6
Mentos Pure Fresh 162.36

미국 내 매출(단위: 100만 달러)

다음으로 딸이 생일을 맞는 장면에서는 평온하고 단순한 배경음악이 흐른다. 비트가 조금씩 달라지고 음량이 높아지는 것으로 딸의 성장을 표현했다.

시간이 흘러 딸이 부모 곁을 떠나는 날, 이야기의 클라이맥스가 영상으로 나오고 그 뒤로 조금 늦게 흘러나온 곡조가 정점에 이르면서 드디어 "Sometimes little things, last the longest……"라는 내레이션이 나온다. 여기서 시청자는 딸의 성장 과정과 추억을 돌아보게 된다. 상자에서 쏟아진 종이학(껌 포장지라는 특별할 것도 없는 종이로 만든 물건)에 담긴 아버지 마음 그리고 그것을 소중하게 모아둔 딸의 마음을 이해하고 공감하는 것이다. 그사이 흘러나오는 "Last Longest(가장 오래갑니다)"라는 내레이션이 시청자 기억에 새겨진다.

이것은 편의점 등에서 'Extra' 포장지가 눈에 띌 때 촉매가 되어 광고에서 공감했던 감정이 되살아나게 해준다. 동시에 'Last Longest(가장 오래갑니다)'가 '껌의 맛이 오래 지속된다'는 느낌을 주어 껌을 살 확률을 높인다. 다시 말해 시청자는 이 광고의 사운드로 따뜻한 감정을 느끼고 특별한 브랜드를 경험하는 것이다.

고객의 의사결정과 충성도는 주로 감정적 요인에서 나온다. 구매를 결정하는 기준은 70%가 감정적인 것이고 나머지 30%가 합리적인 것이라고 한다. 이를 고려하면 상품의 특징과 장점, 상품명, 브랜드명을 내세우는 기존 광고 수법은 의사결정을 좌우하는 요소에서 70%를 감안하지 않았다고 할 수 있다.

배경음악만 바꿔도
마트 매출이 32% 증가한다

자주 가는 마트나 백화점, 쇼핑몰 등에서 어떤 음악이 흘러 나왔는지 기억나는가? 아예 음악이 흐른다는 사실조차 알아차리지 못하는 경우도 있다. 우리는 상업 공간에서 자연스럽게 배경음악을 듣는 데 익숙해져 있다. 그래서 배경음악에 일부러 주의를 기울이지는 않는다. 이때 흐르는 음악은 그야말로 '배경음'이다. 그러나 소리에 일부러 주의를 기울이지 않을 뿐 가게에서 구매욕을 높이는 수단으로 소리를 활용하지 않는다는 뜻은 아니다.

마트에서 배경음악으로 빠른 음악과 느린 음악 중 어느 것을 틀 때 매출이 더 많을까? 빠른 음악이 기분을 들뜨게 해서 구매욕을 높일 거라고 생각하기 쉽다. 그러나 뉴욕의 마트에서 실시한 '음악의 빠르기가 고객의 구매 행동에 미치는 영향'에 대한 조사[2]에서는 그와 정반대 결과가 나왔다. 이 조사에 따르면 매장에서 빠른 배경음악을 틀었더니 고객들이 매장 안을 빠르게 걸어 다녔다고 한다. 자기가 사려는 상품에 빠른 걸음으로 다가감으로써 다른 상품을 구경하며 돌아다닐 기회가 크게 줄어든 것이다.

반면 느린 음악을 틀면 고객은 사려는 상품이 있는 진열대까지 곧장 걸어가지 않고 매장 안의 분위기를 즐기며 다른 상품 진열대도 구경함으로써 더 많은 상품을 샀다. 이 마트에서는 빠른 배경음악을 튼 날보다 느린 배경음악을 튼 날 매출이 32% 증가하는 효과를 보았다.

한때 퍼렐 윌리엄스의 〈Happy〉나 테일러 스위프트의 〈Shake It Off〉 등 폭넓은 연령층에 친숙한 노래가 어디에서나 반복해서 흘러나왔다. 이 노래들은 친근한 느낌을 주지만 빠르게 연주되어 사람들의 걷는 속도를 높인다. 빠른 소리는 신나고 들뜨게 만드는 한편 걷는 속도를 높여 시야를 좁게 만드는 작용을 한다. 따라서 빠른 소리를 이용할 때는 충분히 주의해야 한다.

꿈의 나라로 데려가주는 디즈니의 노래, 〈별에게 소원을〉

디즈니를 상징하는 사운드 비즈니스 앤섬(기업의 이념과 이상을 표현하는 음악. 제5장에서 자세히 설명한다) 중 〈별에게 소원을〉When You Wish upon a Star이 있다. 우리는 이 노래를 들으면서 현실 세계에서 꿈의 세계로 나아가는 듯한 경험을 한다. 그럼 이 노래의 멜로디를 분석하면서 그 교묘한 전략을 파헤쳐보자.

먼저 멜로디 도입부에서 소리가 1옥타브 정도 도약한다. 이 1옥타브의 소리 전개는 우리에게 웅대함, 장대함, 건전함, 강력함, 안정, 에너지, 영웅, 용기 같은 심리적 이미지를 준다.[3]

음악에는 밝은 느낌을 주는 메이저 키와 어두운 느낌을 주는 마이너 키가 있는데 〈별에게 소원을〉은 메이저 키라서 밝음, 즐거움, 평화, 꿈, 행복 같은 메시지를 표현한다. 또 박자에는 짝수 박자와 홀수 박자가 있는데 〈별에게 소원을〉은 4박자다. 인간은 두 발로 보행하므로 '하나 둘, 하나 둘' 하는 짝수 박자로 나아간다. 4박자는 전진을 의미하는데 여기에 1옥타브의 도약과 메이저 키가 더해져 활동, 약동 같은 이미지를 만든다. 빠르기는 58BPM(BPM: Beats Per Minute, 1분 동안의 박자 횟수)으로 우리의 평균 심장 박동과 거의 같다. 심박

〈별에게 소원을〉 멜로디에 숨어 있는 메시지

종류	내용	메시지
멜로디 시작	음이 1옥타브 올라간다	웅대함, 장대함, 건전함, 강력함, 안정, 에너지, 영웅, 용기
곡조	메이저 키	밝음, 즐거움, 평화, 꿈, 행복
비트(박자)	4/4박자	전진, 활동, 약동
빠르기	58BPM(심박수와 비슷함)	차분함, 평온함, 안심, 평화

수와 비슷한 빠르기는 **차분함, 평온함, 안심, 평화**를 뜻한다.

조금 더 덧붙이면 〈별에게 소원을〉의 원곡은 C메이저(도레미파솔라시도)인데, 사운드 비즈니스 앤섬은 원곡보다 반음 높게 연주해 **반짝이는 느낌**을 더했다.

이러한 이미지와 우리가 이미 디즈니에 가지고 있는 기본 이미지가 융합되면서 **현실 세계에서 꿈의 세계(디즈니의 세계)로**라는 메시지가 전달되는 것이다. 약 30초의 사운드 비즈니스 앤섬으로 월트 디즈니의 이념과 이상에 감정적 연결이 생겨난다고 할 수 있다.

이것도 물론 의도적으로 설계한 것이다. 〈별에게 소원을〉은 1940년 발표된 디즈니 애니메이션 〈피노키오〉의 주제가다. 월트 디즈니는 〈피노키오〉 외에 〈백설공주〉와 〈밤비〉 등 여러 애니메이션을 성공시키면서 우리에게 익숙한 주제가와 삽입곡을 많이 보유하고 있다. 그 밖에 세계 각지에 있는 디즈니 파크의 놀이기구 테마곡 〈It's a Small World〉 등 전 세계 사람에게 친숙한 소리를 여럿 보유하고 있다.

사운드 비즈니스 앤섬을 위해 새로운 사운드를 제작하는 것이 월트 디즈니에 그렇게 어려운 일이 아닌데도 월트 디즈니는 굳이 〈별에게 소원을〉을 사용하는데, 그 이유는 월트 디즈니가 전달하고 싶은 풍부한 사운드 표현이 〈별에게 소원을〉에 포함되어 있기 때문이다.

노이즈가 노인의
인지 기능을 높인다

최근 사운드를 활용해 노인의 인지 기능 향상, 기억력 강화, 수면의 질 향상이 가능하다는 사실이 밝혀지면서 이를 응용하려는 연구가 진행되고 있다. 여기서 저음이 강조된 핑크 노이즈가 주목받는데, 이 소리를 들으면 평온하고 차분해진다. 그래서 잠잘 때 핑크 노이즈를 재생하면 깊은 수면 단계의 질이 높아지고 기억력이 개선된다고 한다.[4]

이 연구에 참여한 노스웨스턴대학 필리스 지 박사는 "핑크 노이즈의 자극은 뇌 건강 개선에 도움이 될 가능성이 있는 혁신적이고 간단하며 안전한 비약물 접근법이다. 핑크 노이즈는 노인의 기억력을 강화하고 기억력 감퇴를 완화하는 잠재적 도구다"라고 말했다. 다만 핑크 노이즈 자극을 어떻게 도입할지에 대해서는 더 많은 연구가 필요하다.

이렇듯 사운드 파워는 여러 연구자가 제시하는 과학적 근거 아래 강력한 비즈니스 전략으로 응용되거나 사회 과제 해결과 연결되면서 앞으로 폭넓게 보급될 것이다.

다양한 종류의 노이즈들

'노이즈'라고 하면 불쾌한 소리를 연상할 수 있지만 노이즈와 소음은 다르다. 소음은 '에어컨 팬+사람들 이야기 소리+의자 끄는 소리+배경음악'과 같은 여러 소리가 섞여 불쾌하게 느껴지지만 노이즈는 그 자체로 불쾌하게 느껴지지는 않는다.

노이즈라고 한마디로 표현해도 그 특징은 다양하며, 노이즈에 포함되는 소리의 주파수(≒소리 높이)에 따라 이름이 다르다. 이런 노이즈 이름은 빛의 색 유사성에서 비롯했다.

화이트 노이즈

화이트 노이즈는 모든 주파수 소리를 조합해서 생성하는 노이즈다. 아날로그 텔레비전의 노이즈 화면에서 나는 소리, 냉난방 장치에서 '쉬이이' 하는 공기 소리와 비슷하다. 화이트(흰)라는 형용사는 빛의 모든 색(주파수)이 조합되면 백색광(화이트)이 된다는 사실에서 유래했다. 화이트 노이즈는 모든 주파수를 포함하므로 다른 소리를 덮는(마스킹) 데 자주 사용된다. 또 일시적으로 사용하면 집중력을 높여준다.

그렇다면 화이트 노이즈는 어떻게 다른 소리를 덮을까? 예를 들어 여러 사람이 이야기할 때 특정한 한 사람 목소리를 구분해 알아듣기는 그리 어렵지 않다. 하지만 1,000명이 있다면 어떨까? 그 속에서 한 사람 목소리를 구분하는 일은 여간해서는 불가능하다.

모든 주파수가 균일하게 포함된 화이트 노이즈를 듣는 일은 1,000명이 동시에 이야기하는 가운데 다른 소리를 처리하는 것과 같다. 그래서 소리가 가려져 알아듣기 어렵다.

핑크 노이즈

화이트 노이즈와 비슷하지만 저음역이 강조되어 화이트 노이즈보다 부드럽고 평온한 분위기가 느껴지는 소리다. '촤아아' 하는 빗소리와 비슷하다. 핑크 노이즈는 저음역대 주파수(빛으로 말하면 붉은색)를 가지고 있으므로 빛의 색에 비유해서 핑크 노이즈라고 한다. 핑크 노이즈는 편안하게 이완

해주어 수면 유도에 효과적이다. 또 다양한 소리와 조합할
수 있어 사운드 디자인에 자주 사용된다.

브라운 노이즈

핑크 노이즈보다 저음역대 주파수를 더 많이 포함한 소리
로 세차고 깊이가 있는 파도 소리와 비슷하다. 핑크 노이즈
보다 저음에 가까워 이완과 수면 유도에 효과적일 것 같지만
저주파 성분이 많아서 오랫동안 듣는 것은 권장하지 않는다.
사운드 디자인에 사용할 때는 에센스로 조금만 더한다.

노이즈에는 이 밖에 블루, 그레이, 퍼플 등 다양한 색 이름
을 가진 것들이 있는데, 사운드 디자인에서 사용하는 노이즈
는 주로 이 세 가지다. 블랙 노이즈는 '블랙=검은색=소음'이
라는 이미지를 주기 쉽지만 모든 소리를 배제한 '무음'을 뜻
한다.

제8장

미각과 식감의
사운드 파워

소리가 미각에 영향을 미친다는 말은 얼른 받아들이기 어려울 수 있다. 그러나 소리와 미각 사이에는 아주 밀접한 관계가 있다는 사실이 점차 밝혀지고 있다. 시각, 촉각, 후각, 청각, 미각이라는 오감은 서로 교차하며 우리 감각에 영향을 미친다. 청각과 미각처럼 두 가지 이상의 서로 다른 감각 양식이 상호작용해 지각하는 일을 '크로스모달crossmodal 지각'이라고 한다.

우리는 단맛, 짠맛 등을 혀에 있는 미뢰가 읽은 정보로만 인식하지는 않는다. 미각은 음식과 음료의 색, 형태, 냄새, 식감에도 영향을 받는다. 또 환경 사운드(먹을 때 외부에서 들리는 소리)와 씹을 때 자기가 내는 골전도음에도 영향을 받는다.

최근 여러 연구자가 활발하게 연구하는 이 영역 가운데 소리와 미각의 상호작용에 초점을 맞춰 소개하겠다.

비행기 안에서 먹는 음식은
왜 맛이 없을까?

여러분은 기내식에 어떤 이미지를 가지고 있는가? 좋은 이미지를 가지고 있는 사람은 많지 않을 것이다. 항공사가 제공하는 식사 자체에 문제가 있는 것은 아닌 듯한데, 무엇이 문제일까? 원인은 바로 비행기 안의 소리다.

2014년 '항공기 안의 노이즈와 맛'이라는 연구 조사[33]에서 항공기 안의 소리가 단맛을 느끼기 어렵게 만든다는 사실이 밝혀졌다. 2015년에는 기내의 노이즈(화이트 노이즈)가 승객의 단맛 감각을 억제하고 감칠맛 감각을 높인다는 사실이 밝혀졌다.[34]

고도 1만 미터에서 비행하는 제트 여객기 안의 노이즈는 대략 81~88데시벨(평일 도시 큰길의 교통 소음~불도저 소음 정도)에 달한다.[35] 비행기 안은 엔진 소리 등 항공기 자체에서 나는 소리에 더해 공기를 관리하는 팬 소리, 승객들의 말소리와 움직이는 소리, 승무원의 안내방송 등이 겹쳐 음량이 큰 화이트 노이즈가 흐르는 환경이 된다.

비행기 안에서 제공하는 음식이 맛이 없는 이유는 기내에 끊임없이 울려 퍼지는 85데시벨 정도의 화이트 노이즈에 원인이 있었다.

비행기 안에서는 토마토주스를

비행기 안에서는 토마토주스나 블러디메리(보드카에 토마토주스를 섞고 레몬과 소금을 넣은 칵테일)를 주문하는 사람이 많다고 한다. 그 이유는 앞의 연구 결과를 생각하면 알 수 있다.

BGN 레벨이 높으면 '감칠맛'에 더욱 민감하게 반응하는데, 토마토주스에는 이 감칠맛 성분이 풍부하다. 비행기 안에서 토마토주스와 블러디메리를 많이 주문하는 것은 우연이 아닌 필연인지도 모른다.

비행기가 상공 1만 미터에 다다라 안전벨트 착용을 안내하는 불빛이 꺼지고 화이트 노이즈가 큰 음량으로 울려 퍼지면 토마토주스나 블러디메리를 마셔보면 어떨까?

요리에 소리를 끼얹는
'소닉 시즈닝'

높은 BGN 레벨에서 감칠맛을 더 민감하게 느낀다면, 감칠맛이 풍부한 파르메산 치즈, 토마토, 버섯, 해조류 등을 넣은 음식을 준비하면 되지 않을까 하는 생각이 든다. 실제로 항공사 몇 곳에서 이런 발상을 도입하고 있다. 한 예로 영국항공은 몇 년 전 메뉴를 개편해 감칠맛이 나는 식재료를 늘렸다. 그리고 소리가 맛에 미치는 효과를 조미료로 내세우는 '소닉 시즈닝(소리 조미료)'의 가능성을 탐구하고 있다.

소리와 요리를 함께 즐기는 사운드 페어링 메뉴

2014년 영국항공이 비행 중 공개한 '사운드 바이트'에서는 코스 메뉴와 함께 특별히 엄선한 소리 플레이리스트 열세 가지를 제공했다. 사상 최초로 소리와 요리를 페어링해 즐기는 '사운드 페어링 메뉴'였다. 이 리스트는 매우 독특해서 혁신적인 도전을 하고 있다는 메시지를 잘 전달했다.

물론 모든 페어링의 결과가 좋았다고는 단언할 수 없다. 그러나 단맛을 강화하는 고음을 디저트와 페어링하고, 쓴맛을 이끌어내는 저음[36]을 초콜릿과 페어링한 8번, 9번, 10번 등에서는 미각의 사운드 파워가 효과적으로 활용된 것으로 보인다.

트랙 번호	아티스트/사운드	메뉴
1	파올로 누티니 〈Scream(Funk My Life Up)〉	채소 스코틀랜드 연어
2	안토니 앤 더 존슨스 〈Crazy in Love〉	맛있는 스타터
3	루이 암스트롱·듀크 엘링턴 〈Azalea〉	맛있는 스타터
4	조니 마 〈New Town Velocity〉	영국식 아침식사(아침 항공편)
5	릴리 알렌 〈Somewhere Only We Know〉	메인: 피시앤칩스 (영국 전통요리)
6	콜드플레이 〈A Sky Full of Stars〉	메인: 파이로 감싼 구이 (영국 전통요리)
7	드뷔시 〈Clair de Lune〉	메인: 로스트비프
8	제임스 블런트 〈You're Beautiful〉	디저트
9	마돈나 〈Ray of Light〉	디저트
10	오티스 레딩 〈The Dock of the Bay〉	식후 초콜릿
11	프리텐더스 〈Back on the Chain Gang〉	레드와인
12	다니엘 호프·BBC 심포니 오케스트라 〈Romance from the Gadfly Op. 97〉	화이트와인
13	플라시도 도밍고 〈Nessun Dorma from Turandot〉	커피

사운드스케이프별로 맛을 본다

또 한 가지 예를 소개하겠다. 핀란드항공은 셰프인 스티븐 류와 함께 소리로 요리를 더욱 돋보이게 하는 메뉴를 개발했다. 밖에서 시냇물이 졸졸 흐르는 소리, 산들바람에 풀과 꽃이 흔들리는 소리, 나뭇가지에서 새들이 지저귀는 소리 등 핀란드가 키워내는 다양한 자연의 소리를 녹음해 실험심리, 식품과학, 음악심리, 음악표현 등 각 분야 전문가들의 자료와 분석, 조언을 바탕으로 과학적인 사운드스케이프를 제작한 것이다.

이 사운드스케이프에서 주목할 점은 비행기 안의 환경이 미각에 주는 영향을 고려하는 데 그치지 않고 **핀란드항공의 비즈니스 앤섬인 북유럽의 대자연을 도입**했다는 것이다.

소리와 요리의 페어링도 균형이 잘 잡혀 있다. 맛이 균형을 이루기가 쉽지 않은 닭고기수프는 단맛을 이끌어내는 높은 주파수와 시냇물이 흐르는 소리를 페어링해서 단맛과 신선함을 돋보이게 하고 짠맛을 억제한다. 미트볼은 새소리와 폭포 소리, 물 흐르는 소리, 장작이 '타닥타닥' 타는 소리와 페어링해서 감칠맛과 짠맛이 절묘하게 조화를 이루는 맛있는 요리가 되도록 한다.

항공사들의 '소리와 맛의 비행'은 이제 막 시작되었을 뿐이다. 이러한 새로운 도전에 기대감과 호기심을 갖게 된다.

식감의
사운드 파워

눅눅한 과자보다는 '바사삭' 소리가 나는 과자가 맛있게 느껴진다. 음식을 먹을 때 맛있다고 느끼는 지점이 단맛이나 감칠맛 같은 미각에만 있는 것은 아니기 때문이다. 음식을 입안에 넣었을 때 식감 또한 맛있음에 큰 영향을 준다.

식감과 BGN의 관계를 연구한 결과에 따르면[37] 화이트 노이즈의 BGN 레벨이 높을수록 감자칩의 바삭바삭한 식감을 더 많이 느끼게 된다고 한다. 또 BGN 레벨뿐만 아니라 높은 주파수 소리(2khz~20khz)도 감자칩의 바삭바삭한 느낌을 강화한다.[38]

화이트 노이즈와 주파수가 높은 소리로 BGN 레벨이 높은 환경이라면 바로 비행기 안을 말한다. 비행 중 즐기는 '바삭바삭'한 감자칩의 비밀은 여기에 있었다. 화이트 노이즈로 바삭바삭한 식감이 커지는 것은 감자칩에 한정되지 않는다. 양상추, 오이, 견과류 등 '아삭아삭' '오독오독' 하는 음식도 평소보다 식감을 더 많이 즐길 수 있다.

항공사들은 현재 대부분 '미각'에 초점을 맞추어 이런 시도를 하는데 앞으로는 '식감'도 여기에 포함될 것으로 기대한다.

무궁무진한 소닉 시즈닝의
가능성

소리가 미각과 식감에 영향을 미치는 일이 상공 1만 미터를 비행하는 중에만 있는 것은 아니다. 지상에서는 음량이 큰 화이트 노이즈 외에도 다양한 소리와 페어링이 가능하다. 어떤 경험이 가능할지 설레는 지점이다. 아직 연구 중인 영역이지만 몇 가지 사례를 소개하겠다.

다즐링 홍차

다즐링 홍차 한 잔을 서로 다른 두 가지 소리와 함께 맛본다. 하나는 ① 배 속까지 우웅 하고 울리는 중간 음량의 저주파 소리(C1: 32.703hz와 F1: 43.7hz를 동시에 재생). 다른 하나는 ② 중간 음량의 밝은 고주파 소리(C6: 1046.5hz와 A6: 1760hz를 동시에 재생). ① 저주파 소리에서는 조금 씁쓸한 맛이 나고 ② 고주파 소리에서는 조금 순한 맛이 느껴진다.

초콜릿과 커피

다크 초콜릿을 입에 물고 ① 저음(F1: 43.7hz와 C2: 54.4hz를 동시에 재생), ② 고음(A5: 880hz와 C6: 1046.5hz를 동시에 재생)을 들으며 먹어본다. ① 저음에서는 더 씁쓸하고 ② 고음에서는 더 달콤한 맛이 느껴질 것이다.

맥주

맥주를 마시며 특정한 소리를 들으면 그 맥주의 맛이 달라진다는 사실이 밝혀졌다.[39] 맥주를 마시며 플루트와 같은 높은 소리를 들으면 단맛을 더 강하게 느낀다. 반면 온몸이 울리는 듯한 무겁고 낮은 소리를 들으면 쓴맛과 알코올 도수가 강하게 느껴진다. 맛을 즐기고 싶거나, 기분전환을 하고 싶거나, 음식과 페어링을 즐기는 등 목적에 맞춰 맥주의 맛에 소리라는 조미료를 더할 수 있다.

와인

와인 양조업자와 협업해 연구한 결과[40] 소리는 와인에도 영향을 미쳤다. 예를 들어 힘 있는 소리를 들으며 카베르네 소비뇽(레드와인)을 마셨을 때는 감칠맛과 깊은 맛이 60% 증가한 것처럼 느끼고, 흐르는 듯 부드러운 소리를 들으며 샤르도네(화이트와인)를 마셨을 때는 산뜻하고 부드러운 풍미가 40% 증가한 듯 느꼈다는 것이다. 와인은 음식과의 페어링은 물론 소리와의 페어링으로도 즐길 수 있다.

우리 팀에서는 이 점을 전략적으로 활용해 컨설팅을 한 적이 있다. 와인 각각의 특성이 더 잘 표현되는 소리와 페어링해서 선보인 것이다. 소리와 와인을 페어링함으로써 잔에 따른 와인의 색과 투명감(시각), 향(후각), 입안에 퍼지는 풍미(미각), 잔을 들 때 감촉(촉각)처럼 인간의 오감이 모두 자극된다. 오감이 하나 되어 탄생한 감각이 그 자리에 참석한 사람들의 기억에 남았고, 그 후 식당과 주류매장 등의 판매 계약 증가로 이어졌다.

소닉 시즈닝에 도전하다

이러한 소닉 시즈닝은 악기 앱을 이용해 간편하게 시도할 수 있는데 초콜릿 맛 연구 방법을 소개한다.

① 시판되는 다크 초콜릿을 한 입 크기로 잘라 입안에 넣는다.
② 146쪽에서 언급한 ①의 저음을 들으며 초콜릿을 먹는다.
③ 초콜릿 맛을 메모한다. 쌉쌀한가? 달콤한가?
④ 물로 입안을 헹군다. 화이트 노이즈를 10초간 들어서 귀도 리셋하면 더욱 효과적이다.
⑤ 다시 한 입 크기의 초콜릿을 입안에 넣는다.
⑥ 146쪽에서 언급한 ②의 고음을 들으며 초콜릿을 먹는다.
⑦ 초콜릿 맛을 메모한다. 쌉쌀한가? 달콤한가?
⑧ 각 메모를 비교한다.

여기서는 초콜릿을 예로 들었지만 커피, 녹차, 홍차, 캐모마일차는 물론 흥미롭게도 전복요리에서도 이 효과가 나타난다. 맛을 연구할 때는 기본적으로 ①~⑧의 순서를 따라 한다. 다양한 식재료로 시도해보자.

따끈따끈, 뜨끈뜨끈

소리를 이용해서 따끈따끈한 요리나 뜨끈뜨끈한 음료를 더욱 뜨겁게 느끼도록 하는 일도 가능하다. 우리 귀는 머그컵에 차가운 음료를 따를 때와 뜨거운 음료를 따를 때 나는 소리의 미묘한 차이를 감지할 수 있다. 온도에 따라 액체의 점도가 미묘하게 달라져 뜨거운 음료를 따르면 소리가 조금 높아진다. 이러한 사소한 음높이 차이를 뜨거움이라는 시즈닝으로 끼얹을 수 있다.

식문화에 일어난
혁명

다양한 가능성을 느낄 수 있는 소리와 맛의 상승효과는 앞으로 어떤 방향으로 발전할까? 소닉 시즈닝을 이용한 새로운 식문화는 미국과 유럽 등에서 스타 셰프들과 함께 시작되고 있다. 고객이 코스 요리의 맛을 '달고 짜게' '부드럽고 씁쓸하게' 등으로 선택하면 그 주문에 맞는 소닉 시즈닝으로 마지막 양념을 하는 메뉴 등을 고안하는 것이다.

소닉 시즈닝은 식문화의 혁명이 될 개연성이 높다. 플루트와 같은 높은 소리는 단 음식과 신 음식의 풍미를 강화하고, 튜바와 같은 낮은 소리는 쓴맛을 두드러지게 만든다.

음식을 씹을 때 나는 소리는 바삭바삭하고 오독오독한 느낌을 강화한다. 잔에 탄산음료를 따를 때 나는 스파클링 사운드는 거품이 일어나는 느낌을 두드러지게 한다. 소리는 미각에 영향을 미칠 뿐 아니라 더 나아가 큰 역할을 한다고 하는 쪽이 더 맞겠다.

미국과 영국, 독일 등의 기업, 레스토랑, 식품개발, 상품개발, 나아가 의료기관과 행정기관 같은 다양한 곳에서 이 분야에 적극 나서고 있다. 소닉 시즈닝이 단순히 경제효과를 유발하는 것을 넘어 우리 건강을 지키고 개선하는 유익한 조미료일 개연성마저 숨어 있기 때문이다. 예를 들어 식사 후 에스프레소에 넣는 설탕을 대신하는 소리 등 당과 염분 섭취량 개선, 비만 예방, 재해 시 식사 환경 개선 등이 기대된다.

제9장

육아와 교육의
사운드 파워

SOUND POWER

"음악을 들으면 머리가 좋아진대요."

"음악은 정서 교육에 좋다고 들었는데, 정말인가요?"

소리를 연구하다 보면 음악이 육아나 교육에 효과가 있느냐는 질문을 많이 받는다. 확실히 음악은 아이들 성장에 긍정적인 효과가 있는 듯하다. 음악의 효과에 대해 세상에서 하는 말이 모두 옳거나 그 말에 과학적 근거가 있는 것은 아니다. 그러나 직감이 반드시 틀린 것은 아니다.

아이들이 음악을 듣고 악기를 배우는 일에는 수많은 긍정적 효과가 있다는 사실이 밝혀졌다. '음악'뿐만 아니라 그 외 소리의 효과도 알아두면 더 좋다.

이 장에서는 가능성이 무궁무진한 사운드 파워가 그중 육아와 교육에 미치는 효과를 살펴보겠다.

아이의 발달 단계에 따른
음악 교육의 역할

우리에게 익숙한 '음악'부터 살펴보자. 음악은 아이의 발달 단계에 다양한 영향을 주는데, 먼저 아이의 지적·사회적·감정적·운동적·언어적·종합적 읽기 능력을 포함한 발달에 공헌한다. 또 아이와 보호자가 함께 음악을 듣는 일도 중요하며, 음악이 아이와 보호자의 신뢰 관계에도 영향을 미친다는 사실이 연구 결과 밝혀졌다.[41] 음악을 접함으로써 긍정적인 감정과 기쁨이 동조되어 음악 경험이라는 테두리를 뛰어넘는 영향을 주는 것이다. 아이의 발달 단계와 음악의 관계는 다음과 같다.

갓난아기는 소리 자극에 민감하다

생후 6개월 이전 아기는 외이도가 어른보다 민감하기 때문에 음악(소리)에 잘 반응한다. 보는 것과 듣는 것이 모두 새롭기만 한 아기는 소리 자극에 다양한 영향을 받는다.

아기와 음악

아기는 가사가 아니라 멜로디를 먼저 인식한다. 조용한 음악은 아기를 진정시키고 시끄러운 음악은 아기를 흥분시킨다. 목욕시킬 때, 기저귀 갈 때, 젖 먹일 때 단순하고 짧은 노래를 불러주면 아기는 그 음악과 행동을 관련지어 이해하게 된다.

예를 들어 목욕시킬 때 목욕을 뜻하는 말인 "오후로, 오후로[도(C4) 도(C4) 파(F4)]"와 같은 멜로디를 느리게 노래하면 아기는 그 멜로디를 인식한다.

아기가 '아- 아-' '다- 다-'와 같이 옹알이를 하는 시기의 음악 경험은 아기의 음성 학습에 큰 영향을 준다. 특히 생후 9개월은 음성 학습의 절정기로 주변에서 들리는 다양한 말소리의 차이에 주의를 기울이게 된다.[42] 이러한 소리들의 차이를 구별하는 능력은 나중에 말할 때(듣기, 발음하기) 핵심이 되며, 생후 30개월 시점의 어휘 수와 관련이 있다. 이 능력은 외국어의 듣기 능력, R과 L의 발음 등에도 영향을 미친다. 생후 9개월이라는 이른 시기의 음악 체험이 음악과 언어 처리 능력을 모두 높이는 것이다.[43]

유아와 리듬, 가사

유아는 음악에 맞춰 손뼉을 치고, 점프하고, 걷고, 달리고,

몸을 굽히는 등의 행동을 하기를 좋아한다. 음악의 리듬을 재현하거나 리듬에 맞춰 움직이며 자기 움직임 외의 대상에 집중하거나 동조하는 일을 배운다. 또 익숙한 노래 일부를 바꿔 부르는 놀이를 하며 어휘를 늘릴 수 있다. 가령 곰 세 마리를 개 세 마리, 양 세 마리로 바꿔 부르는 것이다.

보호자가 아이와 함께 노래하면 아이와의 유대도 강화된다. 몸을 좌우로 흔들고, 걷고, 달리고, 발을 바꿔 가며 뛰고, 점프를 하는 등 다양한 운동을 촉진하는 음악은 몸의 균형을 개선하고 민첩성을 높이며, 근육과 뼈를 강화하는 데 도움이 된다.

학교에 들어가지 않은 아이와 노래하기

아직 학교에 들어가지 않은 아이들은 음정이 맞든 맞지 않든 노래하기를 좋아한다. 같은 가사나 멜로디를 반복하며 자기 자신의 리듬으로 노래하는 경향을 보인다. 유치원 등에서 배운 동요, 애니메이션 주제곡 등으로 노래 놀이를 하기도 한다.

아이와 뮤지컬을 하듯 노래하며 말하거나 이 닦기나 정리를 할 때 멜로디를 붙여 함께 노래해보자. 아이는 부모의 노래를 따라 하거나 직접 노래를 만드는 등으로 호응할 것이다. 일상에서 유튜브 등을 함께 보며 간단한 영어 노래를 즐겁게 하면 외국어 듣기와 발음에 도움이 된다.

초등학생과 악기 연주하기

학교에 들어간 아이들은 음악을 듣고 좋은지 싫은지를 표현하기 시작한다. 아이들은 피아노나 바이올린과 같은 악기를 연주하거나 노래를 부르는 일에 관심을 보인다. 악기를 연주하면 긍정적 효과가 많으므로 이 시기에 좋은 음악을 많이 들려주고 함께 공연을 보는 기회를 만드는 것이 좋다. 유튜브에는 듣기 편하고 친숙한 클래식 음악도 있다.

중학생 이상의 아이들과 세계관 쌓기

이 나이가 되면 음악을 통해 우정을 기르고, 부모나 어른과는 다른 자신들의 세계관을 쌓아 나간다. 또 연주 실력을 높여 다른 사람과 비교하고, 자기표현과 정체성을 의식하게 된다.

아이들과 소리의 관계

다음으로 아이들과 소리의 관계를 살펴보자.

아기와 화이트 노이즈

앞에서 이야기한 바와 같이 화이트 노이즈는 모든 주파수의 소리를 조합해 생성하는 노이즈로 다음과 같은 긍정적 효과를 기대할 수 있다.

- **스트레스 완화** 아기 주변 환경의 다양한 소리를 마스킹함으로써 그 공간이 안전하다고 느끼게 한다.
- **수면 유도에 기여** 아기가 더 빨리 잠들도록 하는 보조적 효과가 있다.
- **진정** 어머니 자궁 속에서 듣던 소리와 비슷하므로 우는 아기를 달래는 효과가 있다.
- **부모의 수면 개선** 몇 시간마다 깨서 아기를 돌보는 사람에게는 밤에 여러 번 일어났다가 다시 잠드는 일이 골칫거리다. 화이트 노이즈는 아기의 수면 유도를 도울 뿐 아니라 부모가 잠들기 쉽게 만드는 효과가 있다.

화이트 노이즈는 스마트폰 앱으로 재생할 수 있다. 최근에는 화이트 노이즈를 재생하는 장치가 들어 있는 아기 장난감도 나왔다. 다만 화이트 노이즈를 이용할 때는 아기와 재생기기를 서로 최소한 90센티미터는 떨어뜨려 놓고 음량은 50데시벨을 넘지 않도록 한다.

'아기가 금방 잠듭니다'라고 광고하는 화이트 노이즈 재생 기기 중 다수는 음량이 50데시벨을 넘으며 심지어 85데시벨에 이르는 것도 있다. '제7장 건강과 생산성의 사운드 파워'에서도 설명한 바와 같이 85데시벨은 어른이라도 청각에 문제가 생길 수 있으므로 데시벨을 측정하는 앱 등으로 음량을 확인해야 한다. 그러나 이러한 장치에 의존하는 것은 바람직하지 않으니 항상 사용할 것이 아니라 보조적으로만 사용해야 한다.

화이트 노이즈보다 저음역이 강조된 핑크 노이즈는 평온하게 들린다. 핑크 노이즈는 아기뿐만 아니라 그보다 큰 아이들의 건강한 수면에도 도움이 된다. 핑크 노이즈만 사용하기보다는 파도 소리나 시냇물 소리, 새가 지저귀는 소리 등과 조합해 사용하는 것이 효과적이다. 재생할 때는 화이트 노이즈와 마찬가지로 음량, 음향기기와의 거리 등을 충분히 신경 써야 한다.

핑크 노이즈로 집중력 높이기

"바흐나 모차르트를 들으면 머리가 좋아지지요?"

이런 질문을 받을 때가 있다. 유감스럽지만 확실한 근거가 없고 바흐나 모차르트는 주변의 불필요한 소리를 덮는 음악으로도 적절하다고 할 수 없다. 이런 음악은 이미 존재하는 소음에 '추가하는' 소리이므로 오히려 정신을 산만하게 하고 집중력을 떨어뜨린다. 주변 소리를 잘 마스킹하고 집중력과 창의력을 높이는 소리로는 핑크 노이즈가 적절하다. 핑크 노이즈는 아이들뿐만 아니라 어른의 집중력 향상에도 효과적이다.

나는 지금 이 책을 쓰면서 주변의 불필요한 소리를 마스킹하고 집중력과 창의력을 높이기 위해 핑크 노이즈를 기본으로 평온한 파도 소리, 멀리서 들리는 작은 새들의 지저귐, 때때로 들리는 새 울음소리를 디자인한 사운드 이펙트를 사용하고 있다.

음악 교육의 힘

마지막으로 소리와 음악을 잠시 제쳐두고 음악 교육에서 기대되는 효과를 살펴보겠다. 발달 단계에 따른 차이는 있으나 종합적으로 볼 때 음악을 배우는 일에는 놀라운 효과가 있다.

악기 연주는 뇌의 발달을 촉진하고 사회성을 길러준다

악기를 배운 아이는 음성 처리, 언어 발달, 언어 지각, 독해

력을 담당하는 뇌 영역의 발달이 빨라진다는 사실이 연구 결과 밝혀졌다.[44] 미국 국립위생연구소와 케네디센터의 '음악과 뇌에 관한 워크숍'에서는 아이들이 유아기부터 음악에 반응하고 그 경험이 언어 발달에 크게 공헌한다는 사실이 강조되었다. 또 음악은 주의력, 공간 지각, 실행 기능 등 다른 인지기능 발달에도 긍정적 효과가 있다고 언급되었다.[45]

음악은 다양한 과목을 배우는 아이들의 지각 능력, 언어 능력, 읽기 능력, 수치에 대한 감각, 지적 개발, 주의력, 집중력, 신체 발달과 건강에 긍정적 영향을 미친다. 악기 연주는 아이들에게 성취감을 주고 자존감을 높이는 일로 이어진다. 또 어려움에 처했을 때 극복하는 힘, 끈기, 자기 규율 등을 익히게 해준다.

8~17세 아동 180명이 3년간 악기 연주를 배우는 프로그램을 수강한 결과, 아이들의 ① 성격Character ② 능력Competence ③ 배려Caring ④ 자신감Confidence ⑤ 유대Connection라는 사회성 발달에 필요한 '5C'가 모두 증가했다는 연구 결과도 있다.[46]

논리적 사고력과 기억력이 좋아진다

음악을 연주하려면 감성뿐만 아니라 논리적 능력도 많이 필요하다. 실제로 줄리아드 음악 학교를 수료한 후 의학, 법학, 경영학MBA, 화학, 우주물리학 등 음악 외의 진로를 선택하는 학생도 많고, 하버드대학을 수료한 다음 줄리아드 음악학교에 오는 학생들도 있다. 이는 음악과 논리적 인지의 상관관계를 보여준다고 할 수 있다.

음악적 훈련 유무에 따라 장기 기억에 유의미한 차이가 있다는 사실도 연구에서 밝혀졌다.[47] 악기를 연주하려면 다양한 정보를 소화하며 몸을 움직여야 한다. 이렇게 함으로써 높은 주의력을 기를 수 있고, 문장을 건너뛰며 읽거나 주의력이 산만해지는 일이 현저히 개선된다.[48]

음악은 복합적
인지활동

음악 교육은 왜 이렇게 효과가 클까? 그것은 악기 연주 등의 음악 활동이 매우 다양한 인지 과제를 동시에 복합적으로 포괄하기 때문이다. 실제로 필자가 소속된 연구실에서는 음정과 언어를 복합적으로 연결한 프로그램을 개발해 그 효과를 확인하고 있다. 이 프로그램에서는 먼저 그림을 보여주고 그것이 무엇인지 아이에게 묻는다.

다음으로 오선지를 보여준다. 여기에는 아까 보여준 그림에 대응하는 음표가 그려져 있다. 이것이 무슨 뜻이냐

EGG

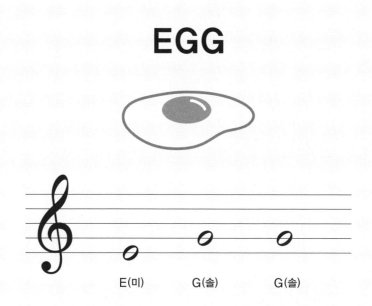

E(미)   G(솔)   G(솔)

면, 영미권에서는 음표를 'C(도) D(레) E(미) F(파) G(솔) A(라) B(시)'로 나타내므로 이 일곱 글자로 조합된 단어는 음정으로 표현할 수 있다는 것이다. 예를 들어 '달걀'이라면 'EGG(=미솔솔)'다.

아이들은 이렇게 음정과 알파벳을 연결해서 배우고, 나아가 단어의 철자를 기억하며, 멜로디에 있는 EGG의 음을 듣고 구분할 수 있게 된다. 즉 음정과 음표의 이름, 철자와 멜로디를 한 덩어리로 기억하는 것이다. 이 방법으로 학습한 아이들은 어학 학습에서 듣기 능력이 향상되고 말을 매끄럽게 하게 된다. 일곱 알파벳이 조합된 단어에는 제한이 있지만, 아이들의 언어 처리와 인지능력 향상에 큰 영향을 준다는 사실을 알 수 있다.

음악은
수학적이다

음악이 수학적이라는 사실도 놓치면 안 된다. 음표를 이해하려면 수학적 인지가 필요하기 때문이다. 온음표whole의 2분의 1인 음표는 2분음표half, 그 절반은 4분음표quater다. 아이들은 악기를 연주하며 quater(1/4)와 quater(1/4)를 합하면

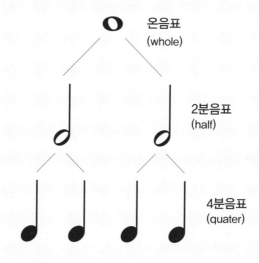

온음표
(whole)

2분음표
(half)

4분음표
(quater)

half(1/2)가 되고, half(1/2)와 half(1/2)를 합하면 whole(1)이 된다는 사실을 배운다.

나아가 노래 하나를 연주하게 되면 여러 음표가 이어지는데, 이것이 몇 소절이고 계속되므로 연주 연습을 할 때마다 숫자 인지능력이 향상된다.[49] 그 밖에도 음악에는 수많은 수학적 요소가 있다.

이처럼 음악을 배우는 일은 뇌의 여러 영역을 자극해 아이의 발달에 많은 긍정적 효과를 발휘한다. 음악은 아이의 뇌 발달을 촉진하는 보편적 예술 형식이다. 이 책이 부모는 물론 음악 지도자, 음악 외 분야 지도자에게 도움이 된다면 정말 기쁘겠다.

소리 탐구에는 종착점이 없습니다

즐거운 회식이 마무리를 향해 갈 무렵 문득 뉴욕에 대해, 소리와 마케팅과 브랜딩에 대해 이야기하게 된 순간부터 이 책이라는 노래의 전주곡이 시작된 것 같습니다. 그때 제 소리(이야기)에 귀를 기울여주신 고미야 가즈요시 선생님 덕분에《사운드 파워》라는 하나의 노래를 작곡할 기회를 얻었다고 해도 지나친 말이 아닙니다. 여기서 다시금 고미야 선생님께 진심으로 감사드립니다.

처음 출판사 대표님을 만났던 날, 대화 내용과 더불어 그분의 사운드와 템포가 저를 무척 설레게 했습니다. 긴장감과 즐겁게 반짝이는 인상을 강하게 받았습니다. 그리고 출판사 웹사이트 '대표 인사말'에서 두 문장이 더 큰 설렘을 주었습니다.

하나는 '시점을 바꾼다, 내일을 바꾼다'는 문장입니다. 평범한 일상, 비즈니스, 자기 자신의 행동과 감정, 이 모든 부분에서 우리가 소리에 큰 영향을 받는다는 것은 사실입니다. 그것들이 이 책을 통해 기존의 시점에서 귀로 포착하는 정보력과 우위성에 대한 시점으로 전환하는 기회가 된다면, 앞으로 더 크게 내일을 바꿀 여지가 있음을 전달하고 싶었습니다.

또 하나는 '종이에 얽매이지 않는다, 일본어에 얽매이지 않는다, 글자에 얽매이지 않는다'는 문장입니다. 일본어도 아니고 다른 언어도 아닌, 세계 공통의 소리가 넘쳐납니다. 뉴욕에서 듣는 빗소리는 세계 어디에서도 똑같이 들립니다. 우리는 목적과 의사를 가지고 소리를 창조합니다. 이것은 클래식이나 팝이라는 한정된 음악에만 해당하지 않습니다. 그리고 출판사 대표님의 말씀을 빌리면 '제안하는 가치의 표현 형태'를 소리로도 전달할 수 있습니다.

이 두 문장이 제게 큰 자극을 주어 이곳에서 나의 책을 출판할 수 있게 됨을 기쁘게 생각하며 집필할 수 있었습니다. 이 책을 써낼 힘과 기회를 주신 대표님께 깊은 감사를 드립니다.

오랫동안 실험실에서 늘 빠르고 멋지게 도움을 주는 소피에게 이 책 집필과 관련해서 감사 인사를 하지 않고 넘어갈 수 없습니다. 집필 전 이 책 내용에 큰 관심을 가지고 귀를 기울이고, 어떤 내용이 흥미로울지 집필에 대해 성심껏 조언해준 친구이자 작가 도미나가 아키코의 응원은 친구로서, 전문가로서 이 책 집필에 큰 도움이 되었습니다. 진심으로 고맙습니다.

'진심 어린 마음으로 환대하는 다도의 사운드스케이프'에서 다도 용어와 흐름, 그곳에 존재하는 사운드스케이프에 대해 감수를 맡아준, 어릴 적 친구이기도 한 다도 우라센케(일본 다도 유파의 하나) 요와카이(우라센케 산하 다도회)의 아지오카 무네야스에게도 진심으로 고맙습니다. 아지오카의 세심한 조언으로 환대가 담긴 일본 다도의 사운드스케이프를 실감 나게 표현할 수 있었습니다. 또 이 책을 집필하며 시오쓰키 야에코 선생님(무네야스 할머님)에게 가르침을 받은 일과 야에코 선생님 목소리가 떠올랐습니다. 비제의 오페라 〈진주잡이〉의 아리아 〈귀에 익은 그대 음성〉에도 나오듯 사람 목소리는 오랜 세월이 지나도, 다시 들을 수 없어도, 그 목소리가 어땠고 그때 주변 소리는 어땠는지 기억해낼 수 있다는 사실을 다시 인식하게 되었습니다.

치과의사 후지노 요시나리 선생님께는 치과의 모습과 치과 기자재의 명칭 등에 대한 감수를 받았습니다. 니시 야스

오 변호사님께는 법적 자문과 조언을 얻었습니다. 진심으로 감사드립니다.

이 책 편집자 호리베 나오토 씨와는 원고를 보낼 때마다 가벼운 이야기를 나눴습니다. 원고 진행이 정체되었을 때도, 내용에 대한 감상을 이야기할 때도, 제가 다양한 질문을 던졌을 때도 항상 적절히 대답하고 배려심 있게 표현해주어 안심하고 책을 쓸 수 있었습니다.

집필을 마친 어느 날 대화에서 제가 "책을 쓰는 일은 음악가가 소리를 연주하는 일과 비슷하네요"라고 하자 그는 "편집자는 책 한 권이 조화를 이룬 오케스트라가 되도록 열심히 지휘봉을 휘두르는 지휘자라는 생각이 들어 다시 한 번 긴장하게 되는군요"라고 했습니다. 아주 반가운 순간이면서 호리베 씨가 담당 편집자라서 참 좋다고 다시 한 번 생각한 순간이었습니다. 진심으로 감사합니다. 그리고 디스커버 트웬티원출판사 여러분께도 깊이 감사드립니다.

이 책의 집필에 몰두하는 저를 매일 도와주고 따뜻하게 지켜보며 응원해준 사랑하는 가족에게 진심으로 감사를 보냅니다.

마지막으로 제가 지금까지 끊임없이 관심을 가지고 소리를 연구할 수 있었던 것은 은사인 R. 에이브럼슨 박사님의 멋진 가르침 덕분입니다. "소리 탐구에는 종착점이 없습니

다"라는 말을 몇 번이나 들었는지요. 제 소리 탐구도 언제까
지나 빛바래지 않을 거라고 확신합니다.
　　진심으로 감사드립니다.

　　　　　　　　　　　　　　　　　　미테일러 치호

참고문헌

1   Kemp, B.J. (1973). Reaction Time of Young and Elderly Subjects in Relation to Perceptual Deprivation and Signal-on Versus Signal-off Condition. Developmental Psychology, Vol.8, No.2, pp.268-272.

2   Milliman, R.E. (1982). Using Background Music to Affect the Behavior of Supermarket Shoppers. Journal of Marketing. 46(3). pp.86-91.

3   COSTA, M., BITTI, P.E.R., and BONFIGLIOLI, L. (2000). Psychological Connotations of Harmonic Musical Intervals, Psychology of Music, ⓒ 2000 by the Society for Research in 2000, 28, 4-22 Psychology of Music and Music Education.

4   Zee, C.P., et al., (2017). Acoustic enhancement of sleep slow oscillations and concomitant memory improvement in older adults.

5   Kaymak, E., and Atherton, M., (2007). Dental Drill Noise Reduction Using a Combination of Active Noise Control, Passive Noise Control and Adaptive Filtering.

6   Milliman, E.R., (1986). The Influence of Background Music on the Behavior of Restaurant Patrons. Journal of Consumer Research, Vol.13, No.2.

7   Yalch, R.F. and Spangenberg, E.R. (2000). The Effects of Music in a Retail Setting on Real and Perceived Shopping Times. Journal of Business Research. 49(2). pp.139-147.

8   North, A.C., Hargreaves, D.J. and McKendrick, J. (1999). The effect of in-store music on wine selections. Journal of Applied Psychology. 84(2). pp.271-276.

9   Areni, C.S. and Kim, D. (1993). The influence of background music on shopping behavior: classical versus top-forty music in a wine store. Advances in Consumer Research. 20. pp.336-340.

10   Jacob, C., Guéguen, N., Boulbry, G. and Sami, S. (2009). 'Love is in the air': congruence between background music and goods in a florist. International Review of Retail, Distribution and Consumer Research. 19(1). pp.75-79.

11   Brown, S., and Volgsten, U., (2006). Music and Manipulation: On the social uses and social control of music.

12   Levitin, J.D., (2006). This is your brain music: The science of a human obsession.

13   Minsky, L. and Fahey, C., (2014). What Does Your Brand Sound Like? Harvard Business Review.

14   (2017). How brands make you feel. www.dashboad.askattest.com

15   Perez, S., (2018). Voice shopping estimated to hit $40+billion across U.S. and U.K. by 2022.

16   Mayew, J.W., et al., (2013). Voice pitch and the labor market success of male chief executive officers. Evolution and Human Behavior 34 (2013) 243-248.

17   Zagat Releases 2018 Dining Trends Survey., (2018). https://zagat.googleblog.com/2018/01/zagat-releases-2018-dining-trends-survey.html

18   Gueguen, N., et al., (2008). Sound level of environmental music and drinking behavior : a field experiment with beer drinkers.

19   WHO. https://www.WHO.int/quantifying_ehimpacts/publications/en/ebd9.pdf

20   Steelcase., (2014). The Privacy Crisis. Taking a toll on Employee Engagement.

21   Haapakangas, A., Haka, M., Keskinen, and E., Hongisto, V., (2008). Effect of Speech Intelligibility on task performance an experimental laboratory study.

22   Ophir, E., Nass, C., and Wagner, D.A., (2009). Cognitive control in media multitaskers.

23   Banbury, S., and Berry, D.C., (2011). Disruption of office-related tasks by speech and office noise.

24   Evans, G.W., et al., (2000). Stress and open-office noise.

25   Spreng, M., (2000). Possible health effects of noise induced cortisol increase.

26   Kim, J., (2013). Workspace satisfaction: The privacy-communication trade-off in open-plan offices. Journal of Environmental Psychology. Vol. 36, pp.18-26.

27 (2018). WHO Environmental Noise Guidelines for the European Region. http://www.euro.WHO.int/__data/assets/pdf_file/0008/383921/noise-guidelines-eng.pdf

28 環境省. https://www.env.go.jp/kijun/oto1-1.html

29 U.S. Environmental Protection Agency. https://www.epa.gov/

30 MTA. New York City Transit Noise Reduction Report. http://web.mta.info/nyct/facts/noise_reduction.htm

31 Abbasi, M.A., et al., (2018). Study of the physiological and mental health effects caused by exposure to low-frequency noise in a simulated control room.

32 Fisher, S., (1983). "Pessimistic noise effects": the perception of reaction times in noise. Can J Psychol, 37, pp.258-271.

33 Spence, C., (2014). Airplane Noise and the Taste of Umami.

34 Yan, K.S., Dando R., (2015). A crossmodal role for audition in taste perception. Journal of Experimental Psychology. Human Perception and Performance.

35 Ozcan, H.K., and Nemlioglu S. (2006). IN-CABIN NOISE LEVELS DURING COMMERCIAL AIRCRAFT FLIGHTS, Canadian Acoustics, Vol. 34, No.4

36 Carvalho, R.F., and Spence, C., (2017). "Smooth operator": Music modulates the perceived creaminess, sweetness, and bitterness of chocolate. Appetite Vol. 108, pp.383-390.

37 Woods, A.T., et al., (2010). Effect of background noise on food perception. Food Quality and Preference22 (2011). pp.42-47.

38 Zampini, M., and Spence, C., (2005). The Role of Auditory Cues in Modulating The Perceived Crispness and Staleness of Potato Chips.

39 Leuven, K.U., et al., (2016). Tune That Beer! Listening for the Pitch of Beer. Food Quality and Preference 53 (2016). pp.132-142

40 Montes, A., et al., (2008). Study shows music can enhance wine's taste. Wine and Spirit.

41 Wallace, D.S., and Harwood, J., (2018). Associations between shared musical engagement and parent-child relational quality: The mediating roles of interpersonal coordination and empathy.

42 Kuhl, P., Stevens, E., Hayashi, A., Deguchi, T., Kiritani, S., and Iverson, P., (2006). Infants show a faciliation effect for native language phonetic perception between 6 and 12 months.

43 Zhao, T.Christina., and Kuhl, P., (2016). Musical intervention enhances infants' neural processing of temporal structure in music and speech.

44 Habibi, A., Cahn, R.B., Damasio, A., and Damasio, H., (2016). Neural Correlates of Accelerated Auditory Processing in Children Engaged in Music Training.

45 (2018). NIH / Kennedy center workshop on music and the brain: Finding harmony.

46 Hospital, M.M., Morris, S.L., Wagner, F.E., and Wales, E., (2019). Music education as a path to positive youth development: An El Sistema - Inspired program.

47 Groussard, M., et al., (2010). When music and long-term memory interact: Effects of musical expertise on functional and structural plasticity in the hippocampus.

48 Riby, L.M., (2013). The joys of spring.

49 Nan, B., and Carol, A.C., (2000). Inter-domain transfer between mathematical skills and musicianship.

사운드 파워

초판 1쇄 인쇄 2020년 12월 16일
초판 1쇄 발행 2020년 12월 23일

지은이 미테일러 치호
옮긴이 이정미

발행인 김기중
주간 신선영
편집 정은미, 민성원, 이상희
마케팅 김신정
경영지원 홍운선
펴낸곳 도서출판 더숲
주소 서울시 마포구 동교로 150, 7층 (우. 04030)
전화 02-3141-8301~2
팩스 02-3141-8303
이메일 info@theforestbook.co.kr
페이스북·인스타그램 @theforestbook
출판신고 2009년 3월 30일 제 2009-000062호

ISBN 979-11-90357-52-4 03320

이 도서의 국립중앙도서관 출판예정도서목록(CIP)은 서지정보유통지원시스템 홈페이지(http://
seoji.nl.go.kr)와 국가자료종합목록 구축시스템(http://kolis-net.nl.go.kr)에서 이용하실 수 있습니다.
(CIP제어번호 : CIP2020049940)

제3장

우리를 둘러싼
소리의 공간
'사운드스케이프'

잠시 눈을 감고 주변 소리에 귀를 기울여보자. 지하철 안이라면 안내방송이 들릴 것이다. 배경에는 레일 연결 부위에서 나는 '덜컹, 덜컹' 소리가 있다. 카페 안이라면 주변 테이블에서 들려오는 웅성거리는 소리가 있다. 배경으로 커피를 내리는 직원들이 내는 소리가 들릴 수도 있다.

이처럼 한 공간에 있는 여러 소리의 조합을 '사운드스케이프'라고 한다.

소리가 없는 공간은
불쾌하게 느껴진다

소리는 우리 주위에 어떤 형태로든 늘 존재한다. 우리에게서는 물론, 자동차와 기계, 식물과 동물, 바다와 하천, 산과 대지, 온 세상의 모든 존재에서 소리가 발생한다. 마치 거대한 오케스트라 같다. 이 오케스트라가 연주하는 것은 시간과 공간에 따라 변하는 복잡하고 역동적인 교향곡이다. 거기에는 다양한 음색이 포함되어 있으며 각각의 음색은 특정한 기능을 하고 의미도 각자 다르다. 그러므로 사운드 파워를 생각할 때는 소리 하나하나가 아니라 사운드스케이프 전체의 효과를 봐야 한다.

우리는 인공적으로 '무음'의 사운드스케이프를 만들 수 있지만 그 속에 있으면 상하좌우와 깊이 등 공간 감각이 둔해져 5분도 지나지 않아 기분이 나빠진다. '무음'의 공간에서는 쾌적한 것이 아니라 오히려 불쾌해지는 것이다. 조용하다는 것은 물리적으로 소리가 존재하지 않는 것이 아니라 그곳에 존재하는 사운드스케이프를 의식하지 않는 상태다.

사운드스케이프가
인간에게 미치는 영향

우리는 사무실과 집, 상업시설과 음식점, 공공시설, 교통기관 등 다양한 상황과 공간에서 소리를 접하며 희로애락 같은 '감정의 움직임'을 경험한다. 비즈니스에서는 부적절한 소리의 선택, 낮은 재생 음질, 빠르기나 음량 문제 등 사운드스케이프 문제가 일으키는 부정적 감정의 움직임 때문에 기업 이미지가 나빠져 브랜드 가치가 떨어진다는 조사 결과가 있다.

그런데도 기업은 대부분 사운드스케이프가 고객의 감정과 의사결정에 어떤 영향을 미치는지 충분히 이해하지 못한다. 예를 들어 적절한 사운드스케이프가 있는 곳에서는 100명 중 35명이 더 오래 머물고, 14명은 물건을 더 많이 산다는 통계가 있다. 한편 100명 중 44명은 사운드스케이프가 적절하지 않은 곳에서 얼른 벗어난다고 응답했다. 또 38명은 그 장소를 다시 방문하지 않는다고 응답했으며, 25명은 친구나 지인에게 그곳을 추천하지 않는다고 응답했다.

사운드스케이프는 직장처럼 고객과 무관한 곳에서도 큰 효과를 발휘한다. 한 예로 선곡, 음량, 음질 등 사운드스케이프가 적절한 직장에서는 직원의 66%가 긍정적인 영향을 받는다는 조사 결과가 있다.

이는 직원들의 생산성 향상으로 이어지는데, 특히 젊은 직원들에게 뚜렷히 나타났다. 만 16~64세 근로자에게는 생산성에 대한 좋은 영향이 26%가 있었던 반면, 만 16~24세 아르바이트생들에게는 49%가 있었다.

사운드스케이프를
어떻게 디자인할 것인가?

사운드스케이프가 연주하는 교향곡은 다양한 긍정적 효과를 낸다. 사운드스케이프에는 그 공간의 분위기를 만들고, 감정을 이끌어내고, 그 장소와 관련된 기억을 남기고, 행동을 환기하는 영향력이 있다. 여기서 사운드스케이프가 시작된다. 원하는 소리를 증폭하거나 추가하는 한편 불필요한 소리를 줄여 그 장소의 사운드스케이프를 긍정적으로 정비할 수도 있다.

그렇다면 사운드스케이프는 어떻게 정비하고 창조하는지 간단히 살펴보자.

첫 번째 방법_
불필요한 소리를 흡수시키기

소리는 공기의 진동으로 만들어진다. 소리가 사물에 닿으면 진동 중 일부는 흡수되고 나머지는 반사되어 다른 곳으로 전달된다. 이때 소리는 부딪친 물체의 재질, 구조, 형상, 두께 등에 따라 다양하게 변한다. 단단한 물체는 도시의 형태를 이루는 소재로 실용도가 높고 겉모습이 도회적이며 근대적인 느낌을 준다. 그러나 소리를 그다지 흡수하지 않고 반사하므로 의도하지 않은 소리를 발생시킨다.

필요하지 않고 의도하지 않은 소리는 반사되지 않도록 흡음·방음 조치를 하면 전파되지 않게 제한할 수 있다. 예를 들어 다양한 소리가 교차하는 도시에서는 그 소리가 소음이 되지 않게 도시계획을 해야 한다. 그 방법 중 하나가 흡음 특성이 뛰어난 소재를 전략적으로 여기저기 배치해 불필요한 소리를 줄이는 것이다. 예를 들어 토양은 흡음 특성이 뛰어난 소재다.

키가 작은 나무를 빽빽이 심는 도시에서 그 나무들이 방음 벽으로 기능하는 일은 별로 없다. 그러나 토양은 흡음 효과가 강력해서 도시에 나무를 심으면 나무의 시각적 차폐 효과에 더해 토양의 청각적 차폐 효과까지 볼 수 있다.

두 번째 방법_
반사음을 적절히 조절하기

현대의 사운드 환경은 반사면으로 가득 차 있다. 지하철과 터널, 상업시설과 지하통로 등 모든 곳이 반사면이다. 소리의 반사는 전략적으로 계획하고 설계하면 긍정적으로 활용할 수 있다. 예를 들어 사람들이 걸어가는 방향을 따라 벽면 위치를 설계하면 발소리를 강조해 매끄러운 흐름을 만들 수 있다. 수면 뒤에 벽면을 배치하면 쾌적한 물소리를 더 넓은 범위까지 전달할 수 있다.

우리가 걸을 때 나는 발소리 등 자기가 내는 소리를 효과적으로 이용하는 연출도 필수다. 예를 들어 모래로 덮인 땅을 걸으면 '서걱서걱' 하는 크런치 사운드crunch sound가 발생한다. 이 소리가 벽과 천장에 반사되면 공명을 통해 크런치 사운드가 강조되어 특징적인 사운드스케이프가 연출된다.

자신의 움직임으로 나는 소리는 그 공간 속에서 자기 위치는 물론 다른 사물과의 거리 같은 정보를 전달하고, 그 소리를 의식하는지와 상관없이 자기가 그 공간에 존재한다는 사실을 인식하게 해준다. 그러면 우리는 공간 구조를 알고 자기 존재를 인지하게 된다. 여기에는 자기 움직임을 확인하고 주변과 상호작용을 원활히 하는 효과가 있으며, 이를 바탕으로 감정과 기억, 행동이 환기된다.

모래에서 크런치 사운드가 발생하면 그 공간의 사운드스케이프 전체 음량이 높아진다. 그래서 그 공간을 통과한 뒤 갑자기 고요함을 느끼게 되어 다른 세계로 이동하는 듯한 연출을 할 수 있다. 이런 공간 연출은 종류가 서로 다른 공간을 연결하는 장소에 사용하는 것이 효과적이다.

거리와 건물들이 현대적으로 변하면서 소리의 반사와 관련해 고려할 점이 늘어나는데 이는 곧 가능성이 수없이 많다는 뜻이다. 기존의 사운드스케이프 개념을 뛰어넘는 진화한 사운드스케이프를 창조할 수도 있다.

세 번째 방법_
자연의 소리와 인공의 소리를 조화시키기

우리가 편안하다고 느끼는 자연의 사운드스케이프는 섬세한 소리가 여러 층으로 겹쳐서 이뤄내는 교향곡 같다. 사운드스케이프를 디자인할 때는 자연의 사운드스케이프를 지키면서 인공적인 사운드스케이프와 공존하게 하는 일이 중요하다. 그래서 물(냇물이 흐르는 소리나 파도 소리), 식물(풀과 꽃이 흔들리는 소리), 바람(산들바람), 새(지저귐)와 같은 소리는 사운드스케이프를 디자인할 때 그 장소에 추가하는 소리로 아주 효과적이다.

일반적으로 환경친화적인 공간은 사운드스케이프로도 좋은 곳이다. 그 반대도 성립해서 소리 환경을 고려해 건강친화적인 공간을 만드는 것은 곧 환경친화적 공간을 만드는 일이다. 예를 들어 아름다운 정원은 효과적인 사운드스케이프 디자인을 거치면 더 가치 있는 공간이 된다.

워터 사운드water sound는 아마 모든 소리 중 가장 독특할 것이다. 냇물이나 폭포의 소리, 나뭇잎에 떨어지는 빗방울 소리, 모래밭에 밀려오는 파도 소리, 창문을 두드리는 빗소리, 싱크대에 떨어지는 물방울 소리 등 각자 개성이 있다. 워터 사운드는 영향력이 매우 커서 교통 소음과 같이 바람직하지 않은 소리를 덮는 데 가장 알맞다. 사람이 살아가는 데 물이 없어서는 안 되기에 우리가 이토록 강하게 물소리의 영향을 받는지도 모른다.

일본 정원 기법의 하나인 스이킨쿠쓰水琴窟도 워터 사운드를 잘 디자인한 사운드스케이프다. 겉모습만 봐서는 그곳에 소리를 발생시키는 장치가 있을 거라고는 상상할 수 없다. 땅속에 숨어 있는 스이킨쿠쓰는 물을 담아둔 곳에 물방울이 떨어져 물방울과 수면이 만나는 지점에서 소리를 만들어낸다. 비어 있는 스이킨쿠쓰 윗부분은 공명실 기능을 한다. 여기서 발생한 소리는 증강되어 금속성의 활기차고 반짝이는 소리가 된다. 음악을 연상시키는 소리를 만들어내는 스이킨쿠쓰는 자연 속에 숨은 섬세하고 아름다운 사운드스케이프다.

워터 사운드 중에서도 오션 사운드ocean sound는 정취가 또 다르다. 밀려왔다가 밀려가는 파도의 '밀려오고' '밀려가는' 사이의 시간 간격은 안정된 상태의 호흡 속도와 비슷해서 우리에게 이완효과를 가져다준다. 우리는 끌어당김entrainment에 따라 똑같은 속도로 호흡하게 되는데, 그렇게 함으로써 편안함과 차분함을 느낀다. 오션 사운드에도 스이킨쿠쓰의 물소리같이 악기로 음악을 연주하는 듯한 다이내믹함(강약과 빠르기, 높낮이 등의 변화)이 있다.

오늘날에는 기술이 진보해 그 공간에 적합하고 전략적인 사운드스케이프를 창조하기가 편리해졌다. 워터 사운드나 오션 사운드, 새의 지저귐이나 바람에 흔들리는 풀 소리 같은 자연의 소리, 악기 소리나 노이즈 같은 인공적인 소리를 컴퓨터로 디자인할 수 있게 된 것이다.

네 번째 방법_
사운드 디자인의 겉모습까지 고려하기

소리 또는 사운드스케이프를 디지털 시뮬레이션하는 기술이 비약적으로 발전하고 있다. 동시에 소리를 제시하는 음향기기도 진화하고 있다. 잘 디자인한 사운드스케이프는 새롭고 신나는 경험을 제공해줄 수 있다.

소리를 디자인하고 사운드스케이프를 창조하는 일은 그 장소와 주변 환경, 건축물과 공간에 대해 깊이 생각한 다음 소리를 들려주는 쪽과 듣는 쪽이 모두 쾌적해지는 유익한 경험을 제공하는 것이라고 할 수 있다. 이때 사운드스케이프는 그 장소와 공간의 일부가 되는 것이 바람직하다.

상업시설 등에서는 음향기기(스피커)로 사운드스케이프를 연출하는데, 이때 음향기기를 설치하는 방식도 충분히 검토해야 한다. 음향기기를 적절히 설치해야 소리를 듣는 쪽에서 그 공간의 기능을 감지하고 그 공간을 더 깊이 이해할 수 있다. 또 조명의 색 같은 다양한 시각적 표현과 조합해 시각과 상호작용을 하게 해주면 소리를 들려주는 쪽의 의도를 더 잘 표현할 수도 있다.

한편 소리를 듣는 쪽이 음향기기를 시각적으로 분명하게 알아챌 수 있는 경우, 소리가 이끌어내는 감정이나 기억과 시각적 경험 사이에 괴리가 생겨 사운드스케이프가 부정적으로 작용하기도 한다.

예를 들어 물소리(워터 사운드나 오션 사운드 등)는 실감 나는 자연의 냇물 소리나 바닷가에 밀려오는 파도 소리 등에 대한 긍정적 감정을 끌어내지만, 이 소리가 나오는 곳이 눈에 보이는 음향기기라는 것을 인지하게 되면 긍정적 감정이 나오지 않을 수도 있다. 따라서 음향기기를 설치할 때는 시각적으로 받는 영향도 고려해야 한다.

치과에서 나는 공포의 '끽끽' 소리도 줄일 수 있다

사운드스케이프를 조절해 부정적 감정이 생기는 환경을 개선하는 효과도 기대할 수 있다. 치과 치료에서 드릴 소리가 그 한 예다. 아이부터 어른까지 몇 살이 되어도, 몇 번을 겪어도 '위잉' '끽끽' 하는 높은 주파수(고음)의 터빈 소리와 '드륵드륵' 하며 뼛속까지 울리는 듯한 마이크로 모터 소리에는 익숙해지지 않는다. 많은 사람이 이 소리에서 느끼는 불안과 공포 때문에 치과 치료를 피한다는 보고가 있을 만큼[5] 이는 사운드스케이프 디자인을 이용해 해결해야 하는 분야다.

많은 치과에서는 환자의 불안하고 불쾌한 감정을 완화하기 위해 클래식이나 편안한 음악 등을 환자 머리맡에 있는 음향기기로 재생한다. 하지만 드릴에서 나는 소리를 제어한다는 관점에서는 그다지 효과가 없다. 이를 치료할 때 드릴과 환자의 귀 사이 거리가 약 20센티미터로 매우 가까워 음악이 드릴에서 나는 불쾌한 소리를 줄여주지 못한다는 것이 그 이유다.

이런 불쾌한 소리를 제어할 때는 패시브 노이즈 캔슬링(중간 음역~고음역 소리의 음량을 낮춤)과 액티브 노이즈 캔슬링(저음역~중간 음역 소리의 음량을 낮춤)을 조합해 환자 귀와 가까운 곳에서 틀면 효과가 있을 것이다.

실제로 환자에게 헤드폰을 씌우고 노이즈 캔슬링 효과가 있는 소리를 들려주면 그 효과가 상당하다는 사실이 밝혀졌다. 그러나 의사와 환자의 의사소통(입을 계속 벌리라는 등의 지시)이 방해받을 염려와 헤드폰이 치과 치료를 방해할 우려가 있는 등 소리 제어와는 다른 과제들이 있다.

해결해야 할 과제가 아직 여러 가지 있으나 작은 음향기기 또는 스마트폰 등을 환자 귀와 가까운 곳에 두고 화이트 노이즈 바탕에 워터 사운드를 더한 소리를 재생하는 일은 고려해볼 가치가 있다. 필자가 직접 스마트폰으로 시험해본 결과 고주파수 영역('위잉' '끽끽')의 소리가 상당히 줄어들었다.

사운드스케이프는 건강하고
풍요로운 생활을 만든다

　소리는 우리의 건강과 행복에 큰 영향을 미친다. 사운드스케이프는 그 공간의 분위기를 밝게, 즐겁게, 가볍게, 고급스럽게, 편안하게 등 다양하게 연출할 수 있다. 그렇게 함으로써 그 공간에 있는 사람들을 거기에 걸맞은 감정으로 유도할 수 있다. 또 걷는 속도, 먹는 속도, 전진, 좌우로 이동 등 사람들의 움직임을 유도하는 일도 가능하다.

　사운드스케이프의 계획과 설계(사운드 디자인, 음향기기의 배치 등)는 '건강하고 풍요로운 생활'을 영위하는 데 앞으로 더욱 중요해질 것으로 보인다.

진심 어린 마음으로 환대하는
다도의 사운드스케이프

사운드스케이프라는 개념이 사람들에게 익숙하지 않다고 느낄지 모른다. 그러나 이것은 결코 새로운 개념이 아니다. 약 450년 전 센노 리큐(千利休, 1522~1591)가 집대성한 다도 에는 진심을 담아 환대하는 사운드스케이프가 디자인되어 있다. 다도 중 차지(茶事, 손님 앞에서 숯불을 피운 후 요리, 진한 차, 연한 차를 대접하는 정식 다회) 흐름을 따라가며 그 속에 담 긴 다양한 사운드 디자인을 읽어보자.

손님들이 도착해 조금 열린 문을 향해 걸어온다. 하지만 주인은 아직 손님들을 마중하러 나오지 않는다. 손님들이 대기실에 모두 모이면 그날 초대받은 손님 수만큼 나무판자 를 똑똑 두드려 다실에서 기다리는 주인에게 알린다. 그런 다음 뜰을 가로질러 삼면을 벽으로 둘러싸고 차양을 씌운 대기 장소腰掛待合로 이동한다. 신사와 절의 관습에서 비롯된 나무판자 두드리기는 신호음 역할을 한다. 대기 장소에서 손 님들은 다실에 들어가기 전 손을 씻도록 둔 낮은 대야蹲踞에 떨어지는 물소리를 들으며 마음이 맑아지는 것을 느끼는데, 이는 소리를 이용한 감정 유도 효과다.

고요한 다실 안에서 주인이 인사를 한다. 손님들은 대기 장소에서 몸과 마음을 깨끗이 한 다음 문을 조심스레 열고 다실 입구로 들어간다. 마지막에 들어온 손님은 일부러 '탁' 소리를 내며 문을 닫는다. 이것은 손님들이 다 들어왔다고 주인에게 알리는 신호음이다.

다실에 들어가면 화로에 미리 넣어둔 숯의 부드러운 불빛과 때때로 들리는 '타닥타닥' 숯 타는 소리, 다실 바깥에서 초목이 흔들리는 소리, 손님들이 '슥슥' 다다미를 스치며 걷는 소리가 다실의 사운드스케이프를 이룬다. 다다미를 스치는 발소리가 더 안 나는 것은 그날 모든 손님이 자리에 앉았음을 주인에게 알리는 신호가 된다.

다실 안은 이따금 들리는 '타닥타닥' 숯 타는 소리, '바스락바스락, 쏴아' 하는 나무 소리만이 느껴지는 정적의 공간이 되어 손님들을 일상에서 비일상으로 이끈다. 앞으로 다회가 시작된다는 즐거움과 긴장감이 다실 안에 연출되는데 이것도 감정 유도 효과다.

손님들이 모두 앉으면 주인이 숯불을 피우고 물을 끓이는 일炭手前을 시작한다. 주인이 깃털로 만든 작은 빗자루로 화로 가장자리를 '슥슥' 비질하는 작지만 맑은 소리에 손님들은 귀를 기울인다.

주인은 숯을 지피고, 향을 태우고, 솥을 걸고는 잠시 다실에서 물러난다. 숯불에 올린 솥에 담긴 물의 온도가 서서히 올라가고, '쉭쉭' 수증기가 내는 소리는 앞으로 받을 대접에 대한 기대와 관심을 이끌어내는 연출 효과가 있는 음이 된다.

이윽고 주인이 다도에서 차를 대접하기 전에 내는 간단한 요리懷石를 올린 상을 내온다. 여기에도 소리를 통한 신호가 있다. 국물을 '후루룩' 마셔 국그릇을 비우는 소리, 그릇 뚜껑을 '달칵' 닫는 작은 소리를 장지문 너머로 들은 주인은 손님들에게 술을 권한다. 손님들은 마지막으로 젓가락을 밥상 가운데에 '달그락' 떨어뜨려 식사를 마쳤다고 주인에게 알린다.

손님들은 식사를 끝낸 뒤 일단 다실에서 물러나 바깥의 대기 장소에서 초목과 바람이 들려주는 자연의 소리를 즐기거나 화장실에 다녀오는 등 볼 일을 마친다. 그동안 주인은 바닥을 높게 만들어 장식물을 두는 방인 도코노마床の間의 장식물을 족자에서 꽃으로 바꾸고 다회의 주목적인 진한 차를 준비한다.

다시 손님들을 맞아들일 때는 다회 손님을 대표하는 손님인 쇼카쿠正客의 말을 고맙게 받아들여, 타악기를 쳐서 자리에 앉을 시간이라고 알린다. 청동이나 놋쇠 또는 철로 만든 징을 '뎅 뎅 뎅 뎅 뎅 뎅 뎅(강 약 강 약 중 중 강으로 침)' 하고 일곱 번 쳐서 준비가 끝났다고 손님들에게 알린다.

자연의 사운드스케이프에 더해지는 징의 다이내믹한 울림은 잠시 쉬던 손님들에게 그다음 대접을 기대하게 만들고 흥분을 느끼게 해준다. 고요함과 그 속에 울리는 징소리의 대비는 손님 마음속에 효과적으로 울려 퍼지는 멋진 사운드 디자인이라고 할 수 있다.

다시 한 번 다실에 들어온 손님들은 장식용 꽃과 찻자리点 前座의 도구를 감상하고 자리에 앉는다. 이때 마지막에 들어 오는 손님은 문을 '탁' 하고 가볍게 소리를 내며 닫는다. 이 소리는 좀 전과 마찬가지로 손님들이 다 들어왔다고 주인에 게 알리는 신호다. 드디어 차 대접이 시작된다.

다실에는 솥에서 물이 끓는 '쉭쉭' 소리가 울려 퍼진다. 이 는 사람들에게 '소나무 바람'이라고 불리며 사랑받는 소리다. 주인이 대나무로 된 솥뚜껑 받침에 '딱' 소리를 내며 국자를 놓으면, 이 소리를 신호로 손님들이 몸을 깊이 숙여 인사한 다. 주인이 다실 창문에 쳐놓았던 발을 걷으면 실내가 밝아 진다. 이 소리를 신호로 공간이 '음'에서 '양'으로 바뀌는데 이는 소리를 통한 공간 효과와 감정 유도 효과를 준다.

이어 말차를 저어 거품을 낼 때 '삭삭삭삭' 스치는 소리, 국자로 뜨거운 물을 붓는 소리가 다실의 사운드스케이프에 더해진다. 뜨거운 물을 붓는 속도와 위치에 따라 소리의 높 낮이와 빠르기가 변화되어 다실 분위기를 바꾼다. 이것이 주인의 역량과 사운드 디자인이 진가를 발휘하는 부분이다. 손님은 찻잔을 비울 때 '스읍' 하고 빨아들이는 소리를 낸다.(이 책에서는 소리에 집중해 차지의 흐름을 소개했는데, 실제 차지 흐름에는 더 많은 요소가 포함되어 있다.)

이처럼 다도에서는 정적 속에 주인이 손님들을 대접하는 소리가 효과적으로 사용된다. 뜰의 초목, 새의 지저귐과 같은 자연의 사운드스케이프는 마치 산속에 있는 듯한 한적함을 연출한다. 거기에서 펼쳐지는 세계는 주인이 손님을 대접할 때의 다양한 사운드 디자인으로 더욱 효과적인 연출을 창조한다. 또 소리는 주인과 손님 사이에 신호 역할도 한다.

지나치게 연출하거나 말로 표현하는 것이 아니라 물이 끓는 소리 등을 전경에 배치하고, 때로는 차에 거품을 내는 '삭삭삭삭' 하는 빠른 소리로 차 대접에 대한 기대감을 높인다. 국자를 놓는 '딱' 소리로 분위기 변화를 연출하고, 중간 휴식에서 다음 단계로 이끄는 징소리로 고양되는 느낌을 준다.

모두 멋진 창의력에서 나온 사운드 디자인이다.

손님의 정서를 이끌어내고, 감정을 움직이고, 소리로 기억을 불러내고 나아가 행동을 불러일으킨다.

주인과 손님의 정신적 교감을 지향하는 다도를 대성시킨 센노리큐가 일본의 전통 가면 음악극인 노가쿠能楽로 대표되는 그윽함의 세계를 바탕으로 '고요함의 소리'라고도 할 수 있는 미학을 효과적으로 도입한 것이다.

그곳에는 인간이 자연의 일부이고 다실이라는 공간에 우주가 있으며 차와 선의 맛은 같다는 차선일미茶禪一味 사상을 배경으로, 화려한 장식이나 연출을 배제하는 빼기의 미학을 추구하는 미의식이 담겨 있다.

자연의 소리와 사운드스케이프를 깊이 의식하고 서로 소통하며 대접하는 마음을 연출하는 사운드 디자인의 효과를 전국시대 사람 센노리큐는 이미 알았는지도 모른다.

제4장

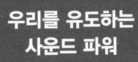

**우리를 유도하는
사운드 파워**

SOUND POWER

소리에는 우리의 잠재적 기억에 작용해서 우리를 유도하는 힘이 있다. 게다가 그 힘은 우리가 생각하는 것보다 강력하다. 생활필수품을 한꺼번에 많이 산 것도, 프랑스 와인을 산 것도 모두 가게 안의 소리 때문이었는지 모른다. 소리에 그 정도로 큰 힘이 있다는 사실을 쉽게 믿지 못할 수도 있지만 여러 과학적 증거가 그것을 증명한다.

이 장에서는 우리가 알아차리지 못하는 사이 우리 의사결정에 작용하는 소리의 힘과 그 응용 사례를 소개한다.

높은음은
감정을 들뜨게 한다

사려고 한 물건만 사거나 먹고 싶은 음식만 먹으면 곧바로 나올 생각으로 쇼핑몰에 가는가? 그렇지 않을 것이다. 예상하지 못한 상품이나 서비스와 만나는 일도 쇼핑의 즐거움 가운데 하나다. 즐거운 경험을 찾아 쇼핑몰에 가는 것이다. 쇼핑몰이 이 기대에 제대로 부응하면 그곳에서 더 많은 돈을 쓴다.

그럼 어떤 사운드스케이프가 이를 연출할까? 쇼핑몰에는 쇼핑과 식사에 대한 의욕을 높이는 소리가 있어야 하는데, 그렇다면 음이 높아 밝은 이미지를 주는 메이저 사운드(장조)가 딱 알맞다. 이러한 소리가 행복함과 유머를 이끌어낸다는 사실이 연구로 밝혀졌다. 한편 음이 낮아 어두운 이미지를 주는 마이너 사운드(단조)는 슬픔을 포함한 심각한 감정을 이끌어낸다.

쇼핑몰뿐만 아니라 어떤 시설이든 콘셉트, 대상 고객, 판매 내용과 목표에 적합한 배경음악을 전략적으로 선택한다. 그리고 이것은 그 자리에 맞는 자연스러운 감정 움직임(희로애락)을 불러일으켜 그곳을 편안히 느끼게 하는 일로 이어진다. 이렇듯 사람들을 유도하는 사운드 파워는 자연스러운 감정을 끌어내 증폭하고 이끌어주는 역할을 한다.

술을 권할 때는
빠른 템포로!

여러분이 식당을 연다면 어떤 배경음악을 틀겠는가? 느리고 차분한 노래를 틀겠는가? 빠른 팝 음악을 틀겠는가? 2장에서 소개한 마트 사례와 마찬가지로 느린 음악을 틀면 고객들이 가게 안에 머무르는 시간이 길어진다.

일반적으로 소매점을 포함한 상업시설 또는 복합시설은 머무르는 시간과 매출 사이에 상관관계가 있다. 하지만 음식점에서는 이런 상관관계가 관찰되지 않는다는 사실에 주목해야 한다.

느린 음악이 나오면 식당에 들어와서 식사를 마치고 나가기까지 시간, 즉 식당 안에 머무르는 시간이 길어진다. 여기까지는 소매점과 같다. 그러나 머무르는 시간이 길어진다고 해서 음식 주문량이 크게 늘어나지는 않는다. 한 번에 먹을 수 있는 양이 머무르는 시간에 비례해서 늘지는 않기 때문이다. 다만 주류 판매에 초점을 맞춘다면 사정이 조금 달라진다. 한 연구에 따르면 빠른 음악이 나오는 환경에서 주류를 주문한 건수는 느린 음악이 나올 때 주문한 건수와 비교할 때 한 테이블당 평균 석 잔이나 많아진다고 한다.[6]

그렇다고 술 주문이 많이 들어오기를 바라며 무턱대고 빠른 배경음악을 트는 것은 생각해볼 문제다. 식당이나 카페를 찾아오는 고객 중 다수가 "음악이 그 식당 또는 카페 브랜드와 스타일에 어울리는 것이 중요하다"고 응답했다. 브랜드 이미지에 맞지 않는 음악 때문에 고객이 찾아오지 않는다면 주객이 전도되는 것이다.

인기 있는 노래를
튼다면?

많은 사람이 잘 아는 인기 있는 노래를 매장 안에서 틀면 어떤 효과가 있을까? 배경음악으로 인기 있는 노래를 튼 경우와 잘 알려지지 않은 노래를 튼 경우를 연구한 결과가 무척 흥미롭다.[7] 인기 있는 노래를 틀었을 때보다 잘 알려지지 않은 노래를 틀었을 때 사람들이 매장 안에 머무르는 시간이 길었던 것이다!

아마도 인기 있는 노래를 들으면 '아, 많이 들어본 노래야!'라며 고객의 기억이 자극을 받아 흥분도가 높아지고, 그

로써 걷는 속도가 빨라지기 때문인 것으로 보인다. 다시 말해 인기 있는 노래에는 빠른 노래를 틀었을 때와 같은 유도 효과가 있는 것이다.

특정한 선택을 유도하는
사운드 프라이밍 효과

여기서 문제를 하나 내겠다. '바'로 시작하는 단어 하나를 말해보라. '바나나' '바다' '바이올린' '바퀴' '바보' 등은 모두 정답이다. 그런데 바나나라는 단어를 들은 뒤 이 질문이 나오면 어떨까? 거의 모든 사람이 바나나라고 답할 것이다.

재미있는 일은 명확하게 바나나라는 단어를 듣지 않았다 해도 마찬가지 상황이 벌어질 수 있다는 것이다. '과일, 노란색'이라는 정보를 미리 주는 경우를 예로 들 수 있다. 여기서 만약 미리 '음악, 멜로디'라는 정보를 준다면 사람들은 대부분 '바이올린'이라고 대답할 것이다. 이것을 프라이밍이라고 하는데, 소리에서도 이와 똑같은 효과를 볼 수 있다. 미리 들려준 소리가 선택이나 결정, 행동을 촉발해 우리를 유도하는 일이 있다는 뜻이다. 이를 사운드 프라이밍 효과라고 한다. 소리가 계기가 되어 지금까지 경험하며 쌓아온 방대한 기억

자료 속에서 특정한 자료를 불러오기 때문에 이런 일이 일어
난다는 것이다.

오늘 밤에는 왠지 프랑스 와인이 끌린다

'배경음악이 와인 선택에 미치는 영향'을 조사한 매우 흥
미로운 연구[8]가 있다. 와인 가게에서 프랑스풍인지 독일풍인
지 곧바로 알 수 있는 배경음악을 하루씩 번갈아 틀고서 어
떤 와인이 팔렸는지 조사한 것이다.

여기서 놀랄 만큼 뚜렷한 사운드 프라이밍 효과가 관찰되
었다. 프랑스풍 음악을 튼 날은 프랑스 와인이 팔리는 비율
이 높아지고, 독일풍 음악을 튼 날은 독일 와인이 팔리는 비
율이 높아진 것이다.

재미있는 사실은 고객들이 매장 안의 배경음악이 자신들
의 상품 선택·구매 결정과 관계가 있다는 사실을 알아차리
지 못했다는 것이다. 소리가 선택과 결정 그리고 행동에서
중요한 요소이며 촉발 효과가 있음을 분명히 보여준 결과라
고 할 수 있다. 이처럼 소리의 장르는 특정한 이미지를 끌어
냄으로써 판매하고 싶은 상품으로 유도하는 신호가 된다. 즉
소리의 선택도 마케팅 전략이다.

클래식 음악은 '럭셔리'를 프라이밍한다

와인 가게에서 배경음악 장르에 따라 고객의 구매 금액이 어떻게 달라지는지를 조사한 연구도 있다.[9] 바흐와 같은 클래식을 튼 날은 그렇지 않은 날보다 고객들이 더 오래 매장에 머물고 더 비싼 와인을 사갔다. 그런데 와인이 더 많이 팔린 것이 아니라 평소보다 높은 가격대 와인이 팔렸다는 것이 흥미롭다. 클래식 음악이 매장 분위기를 고급스럽게 만들어 고객의 감정을 고급스러운 느낌으로 유도한 것이다.

꽃집에는 로맨틱한 음악이 필요하다

음악은 꽃 선택에 어떤 영향을 줄까? 꽃집을 대상으로 다양한 음악 장르가 고객에게 주는 영향을 조사한 연구가 있다. 꽃집의 배경음악을 팝 음악, 로맨틱한 음악, 아무 음악도 없는 경우 세 가지로 해서 고객의 구매 행동을 조사한 것이다. 그 결과 로맨틱한 음악을 틀었을 때 고객들이 사가는 꽃의 종류와 수가 늘어났다.[10]

꽃의 이미지에는 빠른 음악보다 로맨틱한 음악이 더 잘 어울리는 데에 더해 고객이 꽃에 대해 잠재적으로 가지고 있는 이미지를 로맨틱한 음악이 자극해서 구매를 늘리는 결과로 이어졌다고 볼 수 있다. 예를 들어 꽃집에서 빠른 음악이나 땅이 쿵쿵 울리는 저음의 음악을 튼다면 고객은 꽃에 대해

자신이 잠재적으로 가지고 있는 이미지와 거리감을 느껴 그
곳에서 빨리 벗어나려고 꼭 필요한 꽃만 얼른 사갈 것이다.

이 연구를 응용해 크리스마스 시즌에 매장에서 크리스마
스 음악을 틀어놓아 고객이 크리스마스와 관련된 상품을 더
많이 사도록 유도하는 전략 등이 활용된다.

상품 코너마다 각기 다른
배경음악을 튼다

소리를 통한 감정의 환기와 사운드 프라이밍 효과는 실
제 비즈니스 현장에서 얼마나 이용할까? 평소 잘 가는 마트
의 사운드스케이프를 떠올려보자. 그곳에는 우리를 유도하
는 교묘한 장치가 있을지도 모른다. 여기서는 미국 대형마트
의 사운드스케이프를 예로 들어 고객을 유도하는 전략을 살
펴보겠다(마트 겨냥도 참조).

매장 입구의 사운드스케이프는 정열적이고 리드미컬한 음
악이다. 예를 들어 집시 킹스의 〈볼라레〉Volare 같은 노래를
틀고 여기에 소량의 화이트 노이즈를 섞어 적절한 음량 수준
으로 디자인한다. 매장 입구는 매장으로 들어오는 특별할 것
도 없는 공간이지만, 그 공간의 사운드스케이프가 고객의 구

마트 겨냥도

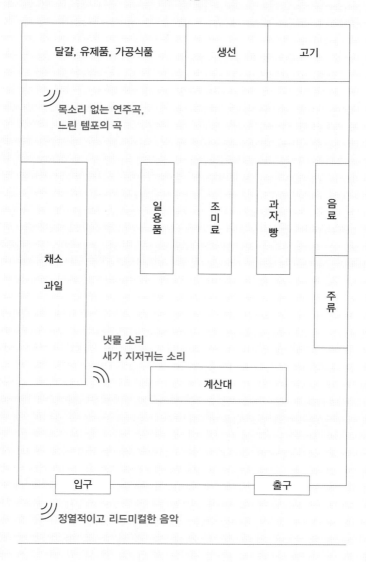

| 달걀, 유제품, 가공식품 | 생선 | 고기 |

목소리 없는 연주곡,
느린 템포의 곡

일용품 조미료 과자, 빵 음료

채소
과일

주류

냇물 소리
새가 지저귀는 소리

계산대

입구   출구

정열적이고 리드미컬한 음악

매 행동에 영향을 준다. 고객이 매장 안에 들어오기까지 짧은 시간에 경험하는 소리가 사운드 프라이밍이 되는 것이다.

고객은 매장으로 들어오고 나면 흥겨운 음악과 완전히 다른 소리, 즉 냇물이 졸졸 흐르는 소리, 이따금 물보라가 일어나는 소리, 원근감이 느껴지는 두세 종류 새의 지저귐, 매우 적은 핑크 노이즈와 오션 사운드(파도 소리)로 디자인된 사운드스케이프를 경험하게 된다.

자연의 소리는 마음을 차분하게 만드는 진정 효과가 있고 물 계열의 소리는 신선함을 떠올리게 하는 감정 유도 효과가 있다. 여기서 고객들은 평온함, 자연, 힐링, 신선함을 느낀다. 이러한 사운드스케이프는 눈앞에 펼쳐진 채소와 과일이 싱싱하고 신선하다는 느낌을 준다. 또 원근감이 느껴지는 물소리와 이따금 들리는 물보라 소리, 새소리는 고객들의 시야를 전후, 상하, 좌우로 넓힌다.

한편 매장 입구에서 무심코 들은 신나는 음악은 붉은색 토마토와 오렌지 등으로 고객의 관심을 유도해서 계획에 없었던 상품 구입을 촉진한다.

채소와 과일 코너를 나오면 생선과 고기 코너로 향하게 된다. 마트에서는 고객이 원하는 코너를 향해 최단 거리로 이동하는 것이 아니라 가능한 한 많은 코너를 통과해 더 많은 상품을 구입하기를 원한다. 사실 채소와 과일 코너의 사운드스케이프는 새로운 사운드 프라이밍으로 작용한다. 냇물 소리와 가끔 들리는 물보라 소리가 물, 신선함, 생선을 연상시키는 것이다.

여기서 생선으로 유도하는 것이 노골적이지 않아야 한다는 것이 중요하다. 마케팅의 절대 규칙은 소비자에게 관련성을 직접 제시하면 역효과가 난다는 것이다. 그러므로 고객을 생선 코너로 유도하고 싶다고 해서 바다 소리를 앞에 배치해서는 안 된다. 채소와 과일 코너의 사운드스케이프를 통해 생선 코너로 유도된 고객은 이미 '신선함'이라는 이미지를 가지고 있으므로 눈앞에 있는 상품이 '신선'하다고 느낄 확률이 높다.

고객의 이동 속도는 가능한 한 느려야 하며, 시야를 넓게 유지해 다양한 상품을 보도록 하는 것이 바람직하다. 그러므로 매장 가운데 영역에는 사람 목소리 없이 악기만으로 구성된 메이저(밝은)의 느린 연주곡으로 사운드스케이프를 디자인하는 것이 좋다.

주류 코너에서는 매장 입구에서 들은 정열적인 음악의 사운드 프라이밍 효과가 강해진다. 매장에 들어온 뒤 가사가 없고 조용하며 평온한 사운드스케이프에 머물던 고객이 유일하게 들은 사람 목소리가 들어간 소리는 입구 공간에서 들은 음악뿐이다. 〈볼라레〉 같은 음악은 빠르고 리드미컬하기 때문에 영향력 있는 프라이밍 자극이 된다.

입구에서 정열적인 음악을 들은 고객은 그 노래의 언어(이탈리아어), 리듬 등에서 지금까지 경험에 따라 무의식적으로 '이탈리아'를 떠올린다. 와인 코너에서 '이탈리아' 라벨을 보면 다시 '이탈리아' 이미지가 자극을 받아 그 상품에 눈길을 주게 되고, 결국 손을 뻗어 병을 집어 들고는 계산대로 가게 된다.

이는 〈볼라레〉에 한정한 사례이며, 입구 공간의 사운드 프라이밍에는 마트에서 고객에게 어필하고 싶은 것, 판매하고 싶은 것을 생각한 선곡과 사운드 디자인이 필요하다. 소비자의 수요와 욕구, 동기를 종합적으로 이해한 사운드 프라이밍은 브랜드 인지도와 매출 상승을 높이는 강력한 도구 중 하나다.

음악의 장르에 따른 소비자의 행동 변화도 고려할 수 있다.[11] 예를 들어 클래식 음악은 더 비싼 물건을 구매할지 검토하게 하는 효과가 있다. 컨트리 음악은 칫솔과 같은 실용적인 상품 구매를 늘리는 효과가 있다.

가게와 상업시설에서는 고객의 동선이 매출과 직결된다. 소리를 이용해 무언가를 향해 걸어가는 '접근 행동'과 그 환경에서 빠져나가려는 '회피 행동'을 촉진함으로써 고객의 동선을 유도할 수 있다. 또 고객은 상품 내용과 그 공간의 분위기에 따라 상품 구매를 결정하게 되는데, 때로는 소리로 연출한 분위기가 구매 결정에 상품 자체보다 더 강하게 영향을 주기도 한다. 그러므로 적절한 소리(사운드스케이프)는 그 공간의 책임자와 담당자 마음에 드는 소리가 아니다.

여기서 소개한 과학적 증거를 바탕으로 소리를 전략적으로 선택해서 비즈니스에 사운드 파워를 활용할 수 있다.

소리별로 달라지는 유도 효과

앞에서 소개하지 못한 부분도 포함해 어떤 소리가 우리를 어떻게 유도하는지 정리했다.

템포: 고객의 이동 속도에 영향

- **빠른 템포: 이동 속도를 높인다.**

  고객이 스스로 계획한 상품 코너로 향한다(시야가 좁아짐, 전진 효과).

  매장 안에 머무르는 시간이 짧아진다.

- **느린 템포: 이동 속도를 늦춘다.**

  고객이 스스로 계획하지 않은 상품 코너로 향한다(시야가 넓어짐, 다른 코너에 들름).

  매장 분위기를 즐기며 구매를 검토한다.

  매장에 머무르는 시간이 길어진다.

장르: 매장에 머무르는 시간, 상품 구매 경향에 영향

- **인기 있는 노래:** 머무르는 시간을 8% 줄인다.

- **친숙하지 않은 음악**: 머무르는 시간을 늘린다.
- **클래식 음악**: 비싼 상품 구매 비율이 높아진다.

  도난 비율이 낮아진다.[12]
- **컨트리 음악**: 일상용품, 실용적인 상품 구매 비율이 높아진다.

목소리(가사): 구매 의욕에 영향

- **가사 있음**: 구매에 대한 관심이 줄어든다.

키: 고객의 심리에 영향

- **메이저 사운드(장조)**: 밝다, 긍정적 감정
- **마이너 사운드(단조)**: 어둡다, 부정적 감정

음량: 머무르는 시간에 영향

- **큰 음량**: 스트레스 반응이 증가해 고객이 머무르는 시간이 줄어든다.

- **적정한 음량**: 평온하고 쾌적한 느낌을 주어 고객이 머무르는 시간이 늘어난다.
- **너무 조용함**: 소음에 민감해져 불편함을 느끼고 머무르는 시간이 줄어든다.

주파수: 식품 구매 경향에 영향
- **높은 주파수**: 과일과 단 음식 매출이 늘어난다.
- **낮은 주파수**: 맥주 등 쓴맛이 연상되는 상품 매출이 늘어난다.

제5장

브랜딩의
사운드 파워

SOUND POWER

　새로운 아이디어, 혁신적인 제품, 흥미로운 기업으로 가득
차 경쟁이 치열한 오늘날의 시장에서는 기업 브랜드를 확립
하고 인식시키는 일이 예전보다 더 중요해졌다. 기존의 마케
팅 담당자들은 기업 브랜드를 연상시키는 방법으로 비주얼
로고(시각 인식 로고), 특정한 색(브랜드 컬러), 문장(글) 등 시
각 표현을 이용한 접근법을 사용했다.

　그럼 여기에 사운드 파워를 도입할 수 없을까? 물론 할 수
있다. 사실 세계는 이제 시각적 접근법에서 벗어나 차세대를
향한 새로운 브랜딩인 '소닉 브랜딩'으로 옮겨가고 있다. 그
리고 소닉 브랜딩을 도입한 기업들은 사운드 파워를 활용해
목표물에 대한 친화성을 높여나가고 있다.《하버드 비즈니스

리뷰》의 한 연구는 소리를 브랜딩에 이용하면 서비스와 제품을 명확히 차별화할 수 있다고 발표했다.[13]

새 시대의 비즈니스 전략, '소닉 브랜딩'

'Ba da Ba Ba Bah, I'm lovin' it.'

이 소리를 들을 때 머릿속에 어떤 기업이 떠오르는가? 당연히 맥도날드다. 소리만 들어도 그 기업이 연상된다. 게다가 이 소리가 기업의 브랜드 아이덴티티까지 전달한다. 이러한 꿈같은 일을 가능하게 만드는 것이 '소닉 마케팅'이다.

이것은 시각적으로 관심을 끄는 기업 로고와 마찬가지로 청각적으로 관심을 끄는 소리로 기업의 정체성을 고객에게 강렬하게 각인하는 차세대 비즈니스 전략이다. 사운드 파워를 활용한 소닉 브랜딩은 기업과 고객을 연결하고 기업 브랜드를 문화와 언어, 나아가 시각적 세계까지 뛰어넘어 수많은 사람에게 전달하는 강력한 힘을 가지고 있다.

언어가 달라도 이해한다

앞에서 소개한 'Ba da Ba Ba Bah, I'm lovin' it'이라는 소

리를 다시 떠올려보자. 여기에 나오는 말은 영어지만 영어권 사람이 아니더라도 이 약동적인 소리를 들으면 곧바로 맥도날드를 떠올리게 된다. 전 세계 어떤 언어권에 있든 한 종류 소리에서 특정한 기업 브랜드를 떠올릴 수 있다는 것은 엄청난 일이다.

이 소리는 브랜드를 떠올리게 하는 동시에 긍정적 메시지를 전달한다. 'I'm lovin' it'이라는 소리의 광고 영향력을 조사한 연구[14]에 따르면, 이 소리만으로 사람들이 패스트푸드에 대해 느끼는 인상이 좋아졌다고 한다. 이 소리를 들은 뒤 고객이 맥도날드에 느끼는 '행복'한 감정이 9%로 증가했다는 자료도 있다(마케팅에서 행복한 감정은 친구와 공유하거나 리트윗하는 등 가까운 사람과 나눌 확률이 높아진다는 의미다).

도 도 파 도 솔

대표적 성공 사례로 여겨지는 인텔의 소닉 브랜딩은 'D-n, Ba ba ba ban(실제 음은 도 도 파 도 솔)'이라는 다섯 개 음으로 이루어진 짧은 소리다. 이 소리는 인텔 인사이드 캠페인의 하나로 1994년 처음 도입되었다. 이 단순한 소리는 25년 전 작곡되었지만 인텔은 이것으로 세계에서 인지도가 아주 높은 기업 브랜드 중 하나가 되었다.

이 소리의 작곡자 베르조와Werzowa는 '인텔 인사이드' 태그

라인(고객에게 제공하는 핵심 가치를 말로 표현한 것)을 듣자마자 머릿속에 울려 퍼진 리듬을 바탕으로 이를 만들었다고 한다.

소닉 브랜딩이 얼마나 중요한지 모르는 기업들

소닉 브랜딩은 단순히 고객에게 기업명이나 상품, 서비스를 기억시키는 도구가 아니다. 앞서도 말했지만 소닉 브랜딩은 소리의 힘을 이용해 기업 브랜드에 대한 '감정, 기억, 행동'을 불러일으키는 비즈니스 전략이다. 소닉 브랜딩에는 장점이 매우 많은데도 이를 본격적으로 도입한 기업은 아직 많지 않다.

소닉 브랜딩을 서구 기업 또는 대기업이 도입하는 것이라고 여기는 듯한데, 앞으로는 스마트 스피커의 보급 등으로 고객과 기업이 소리를 통해 소통할 기회가 점점 많아질 것이다. 그러니 지금이야말로 인식을 바꿀 좋은 기회라고 할 수 있다. 이제부터 소닉 브랜딩이 무엇인지 자세히 알아보자.

소닉 브랜딩의
3대 요소

소닉 브랜딩에는 고객과 기업이 만나는 상황에 따라 서로 다른 몇 가지 '터치 포인트', 더 정확히 말하면 '사운드 포인트'가 있다. 스마트 스피커(구글이나 아마존 등), 통화 대기음 (음악), 텔레비전 광고, 라디오 광고, 기업 내 영상, 웹사이트, 회사 내 대기 공간의 배경음악, 기업이 제공하는 시설 내의 배경음악 등이 여기에 속한다.

소닉 브랜딩을 한다는 것은 모든 사운드 포인트에서 기업 브랜드를 통일한다는 뜻이다. 그러려면 무엇이 필요할까? 먼저 '비즈니스 앤섬'이 필요하다. '내셔널 앤섬(국가國歌)'이 나라를 상징하듯이 '비즈니스 앤섬'은 기업을 상징한다. 비즈니스 앤섬은 기업의 정체성을 표현하고 전달하는 '메시지'라고 보면 이해하기 쉬울 것이다.

말을 통한 메시지인 비즈니스 앤섬을 사운드로 표현한 것이 '사운드 비즈니스 앤섬'이다. 이는 기업의 이념과 이상을 말로 나타낸 비즈니스 앤섬을 소리로 전달하는 청각적 표현이다. 직원들의 의욕을 높이고 회사에 대한 충성도를 높이는 회사노래(社歌)와는 성질이 완전히 다르다.

비즈니스 앤섬을 한눈에, 아니 한 귀에 인식할 수 있도록 표현한 것이 '소닉 로고'다. 소닉 브랜딩은 ① 비즈니스 앤섬을 기본으로 해서 그것을 소리로 표현한 ② 사운드 비즈니스 앤섬과 인상적인 짧은 소리로 압축한 ③ 소닉 로고로 이루어진다.

사운드 비즈니스 앤섬은
어떻게 메시지를 전달하는가?

기업의 이념과 이상, 사업 내용, 고객과 관계를 비즈니스 앤섬이라는 간단한 말로 표현하고, 그것을 바탕으로 사운드 비즈니스 앤섬을 만든다. 기업 정체성을 소리로 전달하는 사운드 비즈니스 앤섬은 기업과 고객 사이에 감정적 연결 고리를 형성한다. 고객에게 그것은 개인적인 이야기와 감정을 기억하는 일종의 기억 매체로 기능한다.

그럼 사운드 비즈니스 앤섬은 우리에게 메시지를 어떻게 전할까? 구체적인 예를 들어보자.

영국항공의 사운드 비즈니스 앤섬은 1881년 레오 들리브가 작곡한 오페라 〈라크메〉에서 소프라노와 메조소프라노가 부르는 〈꽃의 이중창〉Flower Duet이다. 영국항공은 유명한 듀엣곡인 이 노래를 사운드 비즈니스 앤섬으로 텔레비전과 라디오 광고, 탑승구, 기내 등에서 틀었다. 영국항공을 이용한 적이 있는 사람은 한 번쯤 들어보았을 것이다. 〈꽃의 이중창〉이 우리에게서 어떤 감정을 이끌어내는지 간단히 살펴보자.

- '클래식 음악' '오페라'라는 장르에서 느껴지는 전통, 고품질, 역사, 고급스러움, 우아함, 차분함, 안심, 스토리성
- 여성 이중창에서 비롯하는 부드러움, 세심함, 아름다움, 섬세함, 정성, 우아함 등의 이미지
- 평온한 선율에서 느껴지는 격렬하지 않음, 부드러움, 온화함, 안정감, 전진, 확산 등의 인상

이것들을 종합하면 영국항공의 사운드 비즈니스 앤섬에서는 '전통 있는 신뢰감, 세심하고 정성스러운 서비스, 안전하고 쾌적한 비행, 우아한 자부심'이라는 메시지를 읽어낼 수 있다.

영국항공과 같이 이미 알려진 음악을 사용할 때는 두 가지 기준, 즉 그 소리에서 비즈니스 앤섬의 스토리를 알 수 있는지, 고객들이 그 소리를 어떻게 느끼기를 바라는지를 기준으로 선곡하는 일이 중요하다.

소닉 로고란
무엇인가?

사운드 비즈니스 앤섬과 마찬가지로 소닉 로고도 고객과 기업 브랜드가 공유하는 가치관을 기록한 일종의 기억 매체다. 다만 소닉 로고는 '로고'이므로 짧고 강력하게 압축된 소리다. 이것은 징글jingle이라고 해서 텔레비전이나 라디오 등에서 장면이 전환될 때 나오는 신호음과는 확실히 다르다.

지금까지 '소닉 로고'라는 말을 들어본 적이 없다는 사람도 있겠지만, 사실 들어보지 못했을 리 없다. 사운드스케이프에는 이미 수많은 소닉 로고가 들어 있다. 윈도우나 맥의 시작음, 앞서 소개한 맥도날드의 'I'm lovin' it', 인텔의 'D-n, Ba ba ba ban'이 그런 것들이다.

소닉 로고는 서구 기업이나 글로벌기업의 전매특허는 아니다. 요즘에는 들을 기회가 거의 없어졌지만 두부 파는 사람의 딸랑딸랑 종소리는 오래전부터 이어온 '소닉 로고'다. 이것들은 그저 니모닉(mnemonic, 무언가를 쉽게 기억하기 위한 신호나 기억하기 위한 노래) 또는 특별한 의미가 없는 '그저 소리'로 들릴지도 모른다. 그러나 이런 소리는 기업에 매우 중요한 전략적 효과가 있다.

소닉 로고는 앞으로
더욱 중요해진다

매력적인 소닉 로고는 기업 브랜드를 돋보이게 한다. 소리를 이용한 소닉 로고가 고객에게 그 기업 브랜드를 떠올리게 하고, 감정을 이끌어내고, 브랜드와 연결을 강화하기 때문이다. 그 배경에 있는 것이 짧은 소리로 기억과 감정을 불러일으키는 사운드 파워다.

휴대전화에서 들리는 소음으로 상대방이 어디에 있는지 알 수 있듯이 소리의 단편과 노이즈에서 지리적 정보를 아주 간단하게 집어낼 수 있다. 소리에서 시간 정보를 알아채기도 한다. 저녁에 대한 동요인 〈유야케코야케〉를 첫머리만 들어도 '아, 저녁이구나'라고 알아차리게 된다. 긴급 지진 속보 소리는 1초도 되지 않는 사이에 주의를 불러일으킬 수 있다.

비즈니스 앤섬에 맞춰 제작한 소닉 로고는 고객과 기업의 연결을 강화할 뿐 아니라 그 기업을 아직 모르는 미래 고객들에게도 브랜드를 알릴 수 있다. 당연한 말이지만 소닉 로고가 비즈니스 앤섬에 맞춰 제작되지 않으면 기업의 본래 이미지와 다른 이미지가 사람들에게 전달된다.

비주얼 로고는 그것을 본 사람의 관심만 끌지만, 소닉 로고는 그 사람의 관심이나 의식이 다른 곳에 있어도 24시간

쉬지 않고 귀로 흘러들어 메시지를 전달한다. 따라서 소닉 로고는 비주얼 로고만큼, 아니 그보다 더 명확하게 기업 브랜드를 표현하도록 세심하게 신경 써서 만들어야 한다.

우리 생활에 보급되기 시작한 아마존의 '알렉사'와 구글의 '구글 홈' 같은 **스크린리스 디바이스**screenless device를 생각해 보면, 소닉 로고의 필요성이 높아질 것은 분명하다. 여기에 한정되지 않고 새로운 '사운드 포인트'에서 고객과 소통해야 하는 상황이 앞으로 틀림없이 더 늘어날 테니, 소닉 로고는 더욱 중요한 존재가 될 것이다.

보는 로고에서
듣는 로고로

마스터카드는 2019년 2월 미국에서 '소닉 브랜드 아이덴티티'를 발표하면서 새로이 소닉 브랜딩 분야에 등장했다. 스마트폰과 같은 모바일 기기에 대응해 지금까지 전 세계인에게 알려진 비주얼 로고에서 'Mastercard'라는 브랜드 이름을 삭제한 것이다. 그 결과 소비자가 마스터카드로 인식할 수 있는 붉은색과 노란색 원만 남게 되었다. 나이키의 상징적인 로고, 애플의 한 입 베어 먹은 사과 등 우리는 지금까지

글로벌 브랜드의 기업 이름이 없는 '무언의 로고'를 봐왔는데 마스터카드도 거기에 합류한 것이다.

현재 소비자들은 하루에 5,000개가 넘는 광고에 노출된다고 한다. 이렇게 대량의 정보가 넘치는 가운데 소비자의 관심을 특정한 기업에 향하도록 하는 것은 쉬운 일이 아니다. 나아가 팟캐스트, 아마존의 알렉사, 구글 홈같이 스크린리스 디바이스가 증가하는 세상에서 소비자가 화면으로 브랜드를 '보는' 시간은 점점 짧아지고 있다. 스크린리스 디바이스에서는 말할 것도 없이 마스터카드를 '볼' 수 없다. 화면이 없는 새로운 환경에서는 마스터카드를 '들을' 수 있을 뿐이다.

소비자들의 이러한 행동 변화 때문에 기업들은 지금까지와 다른 방법으로 브랜드를 식별할 수 있는 정체성을 표현해 소비자의 브랜드 인식을 높이도록 요구받고 있다.

400억 달러 규모의 거대시장에서 패권경쟁이 시작되다

"음성을 이용한 보이스 쇼핑 마켓은 영국과 미국을 합쳐 2022년에 400억 달러(약 44조 원)에 달할 전망이다.[15] 사운드 브랜드 아이덴티티는 기업 브랜드와 소비자를 새로운 차원에서 연결할 뿐 아니라 소비자가 더욱 디지털화·모바일화하는 세계에서 쇼핑, 생활, 지불을 가능하게 하는 도구가 될 것이다."마스터카드는 언론에 이렇게 발표했다.

여기서 주목할 부분은 400억 달러(!)라는 시장 규모다. 소닉 브랜딩은 이 거대한 시장의 패권경쟁에서 주 무대가 될 것으로 예상된다. 물론 마스터카드만 소닉 브랜딩에 주목해 새로운 방법을 모색하는 것은 아니다. 경쟁 기업인 비자카드도 기존의 비주얼 로고와 마케팅 매체를 뛰어넘어 새로운 브랜드 아이덴티티를 구축하려 시도하고 있다.

나아가 마스터카드와 비자카드 같은 신용카드 외 업종의 기업들도 이 새로운 브랜딩 전략에 투자해 고객과 기업 브랜드에서 새로운 관계를 구축하려고 한다. 기업 브랜드들의 새로운 도전으로 우리의 라이프스타일과 기존 관념도 크게 달라질 것이다.

마스터카드가 시작한 새로운 소닉 브랜드 아이덴티티와 같은 전략은 아직 충분히 활용되지 못하고 있다. 마스터카드는 상황을 바꾸는 첫걸음을 내디딘 데 불과하다. 마스터카드가 언론 발표에서 설명한 것처럼 소닉 브랜딩을 제작하는 일은 사운드나 소닉 로고를 만들어 광고에서 사용하는 것으로는 충분하지 않기 때문이다.

마스터카드는 전 세계의 뮤지션, 예술가, 기술자, 소리 전문가를 포함한 다양한 전문가에게서 들은 조언을 바탕으로 사운드 비즈니스 앤섬을 제작했다. '메이저 사운드=밝다' '마이너 사운드=어둡다'와 같이 소리가 표현하는 감정의 일관성을 예상할 수 있는 표준을 유지하면서 다른 문화와 공감하고 세계적으로 적응할 수 있는 새로운 스타일의 사운드 브랜딩 전략에 도전한 것이다.

소리는 사람들이 **브랜드와 관계를 구축할 수 있게 해주는 강력한 도구**다. 누군가 자사 소닉 로고를 흥얼거리는 모습을 볼 기회가 가까운 미래에 찾아올지 모른다.

성공하는 소닉 브랜딩의 6가지 특징

앞으로 소닉 브랜딩이 기업에 매우 중요해질 거라는 점을 이해했을 것이다. 그렇다면 인상에 남고 브랜드에 대한 긍정적 이미지를 전달하는 소닉 브랜딩은 어떤 것일지 생각해보자. 성공하는 소닉 브랜딩에는 다음과 같은 특징이 있다.

사운드 포인트를 모두 아우른다
해당 브랜드에 딱 맞는 소리, 광고에 적합한 소리를 선택하는 일만 소닉 브랜딩은 아니다. 기업이 전달하는 소리와 고객의 접점, 즉 '사운드 포인트'는 그 밖에도 많다. 기기의 전원을 켰을 때 나는 소리, 웹사이트를 클릭할 때 1초도 안 되게 나는 소리, 매장 배경음악, 통화 대기음을 예로 들 수 있다. 이런 사운드 포인트를 확실하게 아우르는 것이 핵심이다.

목표 고객이 명확하다

'회사가 목표로 삼는 평균 고객은 몇 살인가?'

'그 고객들은 어떤 제품이나 서비스를 원하는가?'

'경쟁 기업은 어떤 사운드 브랜딩을 하고 있는가?'

성공하는 소닉 브랜딩은 이런 질문에 명확히 대답할 수 있다. 소리를 통해 메시지를 전달하고 싶은 고객이 명확하고, 이 고객이 어떻게 느끼기를 바라는지 명문화했기 때문이다. 그래서 브랜드 이미지를 정확히 전달하는 소리를 만들어낼 수 있다.

소리로 감정을 이끌어낸다

성공하는 소닉 브랜딩에는 고객의 감정을 잘 이끌어내는 소리가 필요하다. 'I'm lovin' it'의 약동감이 좋은 예다. 또는 애플 기기로 메일을 보낼 때 들리는 '훅' 하는 소리는 메일을 무사히 보냈음을 알려주어 고객이 안심할 수 있다.

고유한 소리를 제작한다

컨설팅 현장에서는 인기 뮤지션의 음악이나 담당자가 좋아하는 음악을 사용하고 싶다는 이야기가 자주 나온다. 그러나 그것이 최선의 소닉 브랜딩 전략인 경우는 거의 없다. 인기 있는 노래는 이미지가 고정된 경우가 많아 클라이언트 기업이 원하는 이미지를 충분히 표현할 수 없기 때문이다. 자기 회사의 개성을 강조하고 고객에게 독특한 인상을 남기는 소리를 완전히 새로 제작하면 소닉 브랜딩을 성공으로 이끌 수 있다.

간단한 것이 가장 좋다

20세기폭스나 인텔같이 훌륭한 소닉 아이덴티티를 가진 기업들의 공통점은 고객이 곧바로 인식하지만 언어에 의존하지는 않는 '음색의 사운드'를 사용한다는 것이다. 고객에게 브랜드 아이덴티티를 전달하는 소리는 몇 초면 충분하다.

일관된 소리를 사용한다

소닉 브랜딩으로 제작한 소리는 그 기업을 표현하는 '지문'이 된다. 특정 기업을 위해 맞춤 제작한 소리에는 기업의 미래를 좌우하는 큰 가치가 들어 있다. 제품이나 서비스마다 다른 음악을 사용하는 광고와 달리 소닉 브랜딩에서는 서로 다른 사운드 포인트에서도 같은 메시지를 전달하는 소리를 사용할 필요가 있다. 일관된 소리는 고객의 신뢰와 친밀감 강화로 이어진다.

제6장

**목소리의
사운드 파워**

SOUND POWER

자기 목소리에 자신이 있는가? 같은 내용을 이야기해도 남들을 움직일 수 있는 사람과 그렇지 못한 사람이 있는데, 그것은 목소리의 사운드 파워 차이 때문일지도 모른다. 리더십은 그 사람이 어떤 목소리를 내느냐에 따라 좌우된다. 일상 대화에서 회의, 협상, 결산 보고, 투자가들에 대한 발표, 연설 등 수많은 비즈니스 상황에 이르기까지 '목소리'라는 사운드가 존재감과 카리스마를 표현한다.

자신감 넘치는 얼굴을 보고 신뢰감이 느껴지는 목소리를 들음으로써 그 사람에 대한 호감도가 크게 올라간다. 우리는 여러 감각 정보를 바탕으로 타인에 대한 첫인상을 구축하는데, 목소리는 표정이나 외모와 같은 시각 정보와 함께 첫인상을 형성하는 아주 중요한 정보다.

여기에서는 듣는 사람의 관심을 끌고 정보를 정확하게 전달하기 위한 목소리의 사운드 표현 전략인 '사운드 오럴 스트레티지sound oral strategy'를 소개한다.

사운드 오럴 스트레티지의 핵심 6가지

목소리(사운드)가 매력적이고 설득력이 있다고 해서 저절로 성공의 길이 열리지는 않는다. 그러나 성공한 사업가들과 여러 나라 정치가가 말하기 훈련을 받는 것은 틀림없는 사실이다. 말하기 훈련이라고 하면 숨을 쉬는 타이밍과 발음을 개선하는 보이스 트레이닝이라는 이미지가 있을 것이다.

그러나 사운드 오럴 스트레티지는 더 넓은 영역을 포괄한다. 단어, 목소리 높이, 이야기 속도, 이야기할 때 강조와 브레이크(정적의 순간) 등을 종합적·전략적으로 디자인하는 것이다. 이때 고려할 점은 다음과 같다.

① 단어
② 높이

③ 빠르기

④ 음량

⑤ 정적

⑥ 억양prosody

이 요소들을 각각 살펴보겠다.

단어: 효과적인 어휘 선택

2016년 오바마 전 미국 대통령은 히로시마를 방문해 연설했다. 이때 오바마는 한 문장에서 '히바쿠샤(피폭자)'라는 어휘를 사용했다. 영어로 'atomic bomb victim'이라고 표현해도 아무 문제가 없었을 것이다. 오히려 그 편이 더 자연스러웠을지도 모른다. 그런데 오바마는 왜 '히바쿠샤'라는 어휘를 선택했을까?

듣는 사람의 마음을 움직이는 연설을 하려면 어휘를 신중하게 선택해야 한다. 의미가 같은 단어라도 어떻게 표현하느냐에 따라 사람들에게 다른 인상을 주기 때문이다. 오바마 대통령이 일본에서 한 이 연설에서 '히바쿠샤'라는 일본어 어휘를 선택한 데는 전략적 배경이 있다. 오바마는 연설에 일본어 소리를 넣음으로써 피폭자와 그 유족 그리고 일본 국민에게 그 말 이상의 감정을 전달하려고 한 것이다.

우리는 모국어의 소리를 예리하게 포착할 수 있으며 이 때 친밀감과 공감, 우호적 감정을 느끼는 경향이 있다. 국외 여행을 할 때 모국어로 '안녕하세요' '고맙습니다' 같은 말을 들으면 무심코 돌아보거나 계획보다 더 많이 쇼핑하게 되는 것도 그 때문이다.

발언에 듣는 사람이 포착하기 쉬운 단어가 포함되어 있고 나아가 그것이 공감하기 쉽다면 듣는 사람의 이해를 높이고 마음을 움직이는 영향력이 생긴다.

높이: 기본 톤은 낮게

누군가가 '꺅!' 하고 높은 소리로 비명을 지르면 사람들은 대부분 그쪽으로 주의를 돌린다. 높은 목소리에는 사람을 각성시키는 효과, 즉 주의를 끄는 효과가 있다. 어린아이의 울음소리가 높은 이유는 어머니를 포함해 주변 어른들의 주의를 끌 수 있기 때문이다. 엄마가 어린아이와 이야기할 때 사용하는 언어인 '모성어'의 톤이 높은 것은 아이의 관심을 끌고 말에 지속적으로 주의를 기울이게 하는 효과가 있어서다.

그럼 낮은 소리는 어떨까? 미국 상장기업 800곳의 남성 CEO 792명의 목소리를 연구한 결과[16] 목소리가 낮고 깊은 사람이 성공할 확률이 높다고 한다. 이 조사는 남성들을 대상으로 했지만, 여성들도 목소리가 낮으면 설득력이 있고 차분한 느낌을 준다. 대처 전 영국총리는 원래 자기 목소리보다 낮게 말하는 훈련을 받았다고 한다. 낮고 깊은 목소리가 사람들에게 안정감을 주어 그 말의 내용과 말하는 사람의 캐릭터에 대한 신뢰성을 높여 사회적 우위성, 카리스마, 리더십 등을 느끼게 해준다.

자기 목소리가 낮고 깊지 않다고 걱정할 필요는 없다. 호흡과 입 벌리기를 연습하면 좋은 목소리를 만들 수 있다. 힘과 깊이가 있는 목소리, 표현력이 풍부한 목소리는 횡격막호흡(복식호흡)으로 시작된다. 배를 부풀리듯 코로 숨을 들이쉬고 그 숨을 이용해 가슴이 울리도록 목소리를 내보면 마치 몸이 악기가 된 듯 울림과 깊이가 있는 목소리가 나온다.

하품하듯 입을 천천히 세로로 크게 벌리면 입안의 공간을 느낄 수 있다. 발음할 때 입을 잘 움직여 입안의 공간을 의식하며 발성 연습을 하면 목소리가 또렷해진다. 입안의 공간과 얼굴 근육을 많이 쓰지 않고도 발화할 수 있는 언어를 사용한다 해도, 말하는 기술을 익힐 때는 이런 발성 훈련이 효과적이다.

이러한 심호흡, 입안 공간 활용, 입 벌리기와 다물기 연습을 매일 하면 서서히 원래 목소리에서 다듬어진 목소리로 변한다. 낮은 목소리를 한번 내보자. 연습한 뒤 나오는 목소리는 매력적으로 다듬어졌을 것이다.

이런 연습은 목소리가 원래 낮은 사람에게도 추천하는데, 성대에 무리가 가지 않는 발성을 하게 되어 매력적이면서도 분명하게 알아들을 수 있는 목소리가 된다. 연습을 따로 하지 않으면서 '낮고 깊은 목소리'를 내려고 고개를 숙이거나 억지로 힘을 줘서는 안 된다.

평소에는 낮은 목소리를 유지하고 일부만 주의를 환기하기 위해 높은 목소리를 내는 방법도 있는데, 이것을 '다이내믹스 사운드'라고 한다. 높낮이 차이에서 나오는 서로 다른 효과를 활용한 한 단계 높은 사운드 오럴 스트레티지다.

빠르기: 말하는 기본 속도는 천천히, 느림과 빠름 조절

수업시간에 학생들을 졸리게 만들었던 선생님을 떠올려보자. 말하는 속도는 빠를 수도 있고 느릴 수도 있었지만 계속 빠르거나 느린 식으로, 말하는 속도가 항상 일정하지 않았는가? 말하는 속도에 변화가 없으면 듣는 사람의 관심과 주의를 지속시킬 수 없다.

효과적으로 말하려면 내용, 장소, 듣는 사람의 속성 등을 고려해 그 조건에 맞는 빠르기를 선택해야 한다. 먼저 기본 속도는 느린 것이 원칙이다. 느리게 말하면 내용이 명확하게 전달되고 안정감, 성실함, 지성, 차분함, 품격, 신뢰성을 표현할 수 있다.

사람들 앞에서 이야기할 때는 긴장해서 말이 빨라지는 경향이 있다. 그러면 듣는 사람에게 자신 없음, 미숙함, 신뢰성 부족이라는 인상을 주니 조심해야 한다.

귀로 들은 소리를 이해하는 속도는 일반적인 내용일 때 1초에 일곱 글자 분량이라고 한다. 그러므로 1초 동안 느리게 여섯 글자 이하를 이야기하면 듣는 사람에게 잘 전달된다. 참고로 일본방송협회NHK 기준은 1초에 다섯 글자다. 아나운서가 뉴스를 읽는 속도와 비교하며 자기가 말하는 기본 속도를 설정해보자.

그 기본 속도를 바탕으로 해서 열의가 있다는 것을 표현하고 싶을 때는 속도를 높이고, 키워드를 강조하거나 의사를 강하게 나타내고 싶을 때는 속도를 늦추는 등 완급을 조절하면 듣는 사람들을 끌어당길 수 있다. 지루한 수업과 반대로 하면 되는 것이다.

음량: 일부러 속삭이는 것도 중요

음량도 '빠르기' 항목과 마찬가지로 강약을 조절하지 않으면 듣는 사람이 지루해지고 만다. 강조하고 싶은 말은 자연스럽게 큰 소리로 하게 된다. 그러나 듣는 사람의 관심을 끌고 싶을 때, 친밀함이나 특별한 내용을 표현하고 싶을 때는 속삭이듯이 말하는 것도 효과적이다.

연설이나 프레젠테이션 등 원고를 준비할 시간이 있으면 원고에 강약을 표시하고 그 표시를 따라 읽으며 녹음해보는 등 객관적으로 들어보면 효과가 좋다. 필자가 연설 컨설팅을 할 때는 원고에 미리 강약기호(f: 강하게, p: 부드럽게)를 표시하도록 한다.

정적: 확실하게 호흡하며 말 사이에 간격을 둔다

문장과 문장 사이에 간격이 충분하면 듣기 편하다. 자신도 그렇게 말하는지 생각해보자. 사실 많은 사람이 말할 때 이 간격을 충분히 두지 않는다. 이것은 듣는 사람의 이해도를 떨어뜨릴 뿐 아니라 자신 없음, 신빙성 부족, 회의, 경험 부족 같은 부정적 인상을 준다.

그 원인 중 하나가 호흡이다. 마음이 앞서서 흥분하고 긴장한 상태가 되면 호흡이 얕아지고 만다. 호흡이 얕아진다는 것은 문장과 문장 사이의 간격이 짧아진다는 뜻이다. 또 호흡이 얕아지면 목에 부담이 가고 숨이 차면서 땀이 나고 얼굴이 붉어지기도 한다. 결과적으로 자기 생각을 정확하고 차분하게 전달하지 못하게 된다. 호흡이 얕아졌다는 사실을 말하는 사람은 알아차리지 못하는 경우가 많다. 호흡을 확실하게 하고 간격을 둬야 한다는 점을 명심하자.

특별히 주의를 집중하게 하고 싶은 내용을 말할 때는 바로

앞 문장이 끝나고 나서 다음 문장을 시작하기까지 **5초간 틈**을 둔다. 연설이나 프레젠테이션 등 말하기에서 '5초'는 평소 느끼는 5초보다 훨씬 길게 느껴진다. 이 정적을 두려워하면 안 된다.

말하는 사람에게도 이 5초는 상당히 길게 느껴지지만, 정적 속에서 다음 발언 내용에 주의가 집중되고 흥미와 관심이 커진다. '단어' 항목에서 예로 든 오바마 전 대통령 연설에서도 '히바쿠샤'라는 어휘가 등장하기 직전 5초간 틈이 있었다.

억양: 음높이에 변화를 준다

효과적으로 말하는 데는 억양이 중요하다. 억양에는 듣는 사람의 관심을 끌고, 전달하고 싶은 정보를 올바르게 전달하며, 이해를 촉진시키는 효과가 있다. 억양을 주는 방법에는 여러 가지가 있고 지금까지 소개한 내용과 겹치는 부분도 있지만, 정리해보면 다음과 같다.

- 선택한 어휘를 적절한 악센트로 확실하게 말한다.
- 전달하고 싶은 내용이나 의미 단위로 끊어 말한다.
- 기본 톤은 낮게 잡고 그보다 높이거나 낮추면서 변화를 준다.
- 톤이 점점 높아지지 않도록 주의한다.

- 부적절한 곳에서 억양을 높이지 않도록 한다(질문하거나 동조를 구할 때 높이는 것은 괜찮다).
- 기본 속도를 정한 후 효과적으로 속도에 변화를 준다.
- 간격을 효과적으로 두어 정적을 이용해 듣는 사람들의 관심을 끈다.
- 지나친 억양은 피한다.
- 문장과 문장 사이에 '어…' '음…' '그…' 같은 말을 넣지 않는다.

목소리의 파워를 충분히 발휘하려면 앞서 얘기한 여섯 가지를 조합한 디자인이 중요하다. 전달하고 싶은 내용과 감정, 듣는 사람을 분석해 목소리를 디자인하는 일은 앞으로 찾아올 사운드 사회에서 전략적으로 풀어나가야 할 과제가 될 것이다. 알렉사나 시리에는 아직 없는 리더의 목소리, 성공의 사운드를 만드는 사운드 오럴 스트레티지는 인간이기에 실행할 수 있다.

제7장

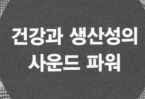

**건강과 생산성의
사운드 파워**

SOUND POWER

소리와 인간은 생활 속에서 하루 종일 어떤 형태로든 관계를 맺고 있다. 귀가 의식적으로 포착하는 소리, 무의식적으로 포착하는 소리 그리고 때로는 원치 않아도 포착할 수밖에 없는 소리가 있다. 세 번째 소리, 즉 달갑지 않은 소리는 '소음'이라고도 표현한다(제2장에서 설명했듯이 노이즈와 소음은 다르다). 소음은 '특히 큰 소리나 불쾌한 소리 또는 장애를 일으키는 소리'로 정의된다.

소음에도 힘이 있다. 다만 지금까지 살펴본 다양한 힘과 달리 부정적 힘이다. 듣고 싶지 않아도 들을 수밖에 없는 배경 소음(BGN: Background Noise)은 그 공간을 불쾌한 곳으로 만들 뿐 아니라 건강을 해치거나 생산성을 떨어뜨리는 등 부정적인 힘을 가지고 있다. 그러나 현실적으로 소음의 부정적 사운드 파워에 대한 인식이 거의 없다 보니 사람들은 공해라고 할 만한 소리 환경에 노출되어 있다.

더는 무시할 수 없는
BGN

외식할 때를 떠올려보자. 그곳에는 어떤 소리가 존재하는가? 사람들 발소리, 옆 테이블의 말소리, 식기 소리는 물론 주방에서도 소리가 들려올지 모른다. 사실 지난 20년 동안 전 세계 식당에서 BGN 레벨(BGN이 시끄러운 정도)이 급격히 높아지고 있다.

2018년 레스토랑 평가서 《저갯》Zagat에서 실시한 고객 조사에 따르면 식당에 대한 클레임에서 서비스의 질 등을 제치고 BGN이 1위로 꼽혔다고 한다.[17] 신선하고 안전한 식재료, 맛있는 식사, 아름다운 플레이팅, 좋은 서비스를 제공해도 BGN 레벨이 높으면 고객이 받는 인상은 나빠지고 만다.

하지만 사람들은 음식점 BGN 레벨에 그렇게 민감하지 않다. 그래서 음식점 정보를 게재하는 웹사이트에 '소리'에 대한 정보가 포함된 경우는 드물지만 뉴욕, 로스앤젤레스, 런

80데시벨 이상	매우 시끄럽다.
71~80데시벨	목소리를 높여 이야기해야 한다.
60~70데시벨	대화를 즐길 수 있다.
60데시벨 미만	조용하다.

던 등에서는 평론가들이 음식의 질뿐만 아니라 BGN 레벨도 정기적으로 알리고 있다. 예를 들어《뉴욕타임스》등에서는 BGN 평가 시스템을 도입해 레스토랑을 평가할 때 참고하고 있다.

이제 고객들이 가게를 선택하는 기준에 건강하고 안전한 음식뿐만 아니라 함께 식사하는 사람과 대화를 즐길 수 있는 공간인지도 포함되기 시작했다. 여러분도 음식점을 고를 때 소리 환경에 주목해보자.

음식점은
얼마나 시끄러울까?

왜 식당들은 해마다 시끄러워질까? 거기에는 다양한 요인이 얽혀 있다. 예를 들어 식당의 장식도 그 요인 가운데 하나다. 인기 레스토랑들은 대부분 인테리어를 현대적으로 하는데 이러한 인테리어에는 흔히 소리를 반사하는 단단한 표면 재질이 사용된다. 그리고 최첨단 디자인을 도입한 레스토랑 중 다수에는 배경음악의 반향과 잔향, 고객들과 직원들이 오가는 발소리, 주방에서 음식을 조리하고 설거지를 하는 소리, 고객들의 말소리와 같은 다양한 소리의 원천이 있으며, 이 소리들이 반사와 공명을 일으켜 매장 내 BGN 레벨을 더욱 높인다.

그렇다면 BGN 레벨은 어느 정도일까? 대화를 원활하게 할 수 있는 BGN 레벨은 55~65데시벨(샤워하는 소리 등)이다. 그러나 인기 있는 레스토랑들의 BGN 레벨은 최소한 80~85데시벨(영업용 헤어드라이어, 제설기, 오토바이 엔진 시동 소리 등)에 달한다. 한창 바쁠 때는 BGN 레벨이 90데시벨(도로에서 공사를 하는 굴착기 소리 등)까지 올라간다. 인기 레스토랑의 호화로운 음식을 공사장 바로 옆에서 먹는다면 결코 즐거운 경험이라고 할 수 없다. 그뿐만 아니라 이처럼 높은 BGN 레벨은 몸에도 나쁜 영향을 준다.

소음은 음식을 맛없게 만들고
식사 속도를 빠르게 한다

시끄러운 곳에서 무언가를 먹으면 편안하지 않다. 음식도 평소보다 맛없게 느껴진다. 사실 이것은 '시끄러워서 싫다'는 기분에서 나오는 느낌뿐만이 아니다. 소음 때문에 미각이 달라지는 일도 관련이 있다. 자세한 내용은 다음 장인 '미각과 식감의 사운드 파워'에서 소개하겠지만, BGN 레벨이 80~85데시벨이 되면 미각이 정상으로 작동하지 않는다. 의외라고 생각할 수도 있지만 소리가 맛을 바꾸는 것인데, 다음과 같은 영향을 예로 들 수 있다.

- 단맛과 짠맛을 잘 느끼지 못하게 된다.
- 감칠맛을 잘 느끼게 된다.
- 음식이 건조하게 느껴진다.

그 결과 요리사 의도와 다른 맛을 느끼게 된다. 나아가 BGN 레벨이 높으면 씹는 횟수가 늘어난다고 알려져 있다. 다시 말해 소음이 음식을 빨리 먹게 재촉하는 것이다. 모처럼 맛있는 음식을 먹는데 달라진 미각으로 빨리 먹는다면 음식 맛이 없어질 것이다.

시끄러우면 술이 많이 팔리고
회전율이 높아진다지만

이번에는 식당이 아니라 술집을 살펴보자. BGN 레벨과 알코올 섭취량의 관계를 조사한 연구에 따르면, BGN 레벨이 높아지면 술잔을 비우기까지 걸리는 시간이 단축되고 더 많은 종류의 술을 주문하게 된다고 한다.[18] 술집에서는 BGN 레벨이 높아지면 술 판매량이 늘어나고, 손님들이 음식을 빨리 먹으므로 회전율 상승을 기대할 수 있다. 그렇다고 해도 과연 BGN 레벨을 높이는 일이 매출 상승 전략으로 적절할까?

유감스럽지만 꼭 그렇지는 않은데 음식을 빨리 먹는 것은 고객에게 편안한 경험이 아니다. 또 알코올 섭취량이 늘어나는 원인은 높은 BGN 레벨에서 받는 스트레스 때문이라고 생각할 수 있다. BGN 레벨이 높은 환경에서 빠른 속도로 더 많은 알코올을 섭취한 것은 스트레스를 회피하려고 애쓴 결과일 뿐이다.

높은 BGN 레벨은 고객 클레임 중 높은 순위를 차지하고, 미각에 영향을 주어 요리사가 의도한 것과 다른 맛을 느끼게 하며, 대화가 어려워져 불편한 느낌을 준다. 이런 점들을 생각하면 높은 BGN 레벨이 바람직하지만은 않다. 사운드 디자인을 할 때는 다양한 요인을 종합적으로 생각해야 한다. 일시적인 매출 증가가 아니라 지속가능한 경영전략이 필요한 것이다.

속도가 느려 원활한 대화가 가능한 BGN 레벨을 디자인해 고객들이 머무르는 시간을 늘리고 술, 커피, 홍차, 디저트 매출을 올린 사례도 있다. 역시 가게의 주제, 콘셉트, 목표 고객층을 잘 검토해 전략적으로 소리 환경을 디자인하는 것이 철칙인 듯하다.

여담이지만 멋진 바에서 맛있는 샴페인이나 와인, 칵테일 등을 즐기며 대화하고 싶을 때는 BGN 레벨이 낮은 곳을 골라야 한다. 상대방 이야기에 차분히 귀를 기울이는 동시에 자기 말도 상대방에게 편안하게 들려 원활하게 대화하기가 좋기 때문이다. 또 필요 이상으로 술을 마셔서 완전히 취하지 않는 것도 중요한 부분이다.

높은 BGN 레벨을 조절하려면

앞서 요즘 소음이 공해 수준에 다다랐다고 했는데 이는 필자만의 생각이 아니다. 세계보건기구who에서도 소음을 심

각한 건강 피해 요인이라고 정의했다.[19] 한 예로 BGN 레벨
이 85데시벨 이상인 환경에서 일하는 근로자는 소음 스트레
스로 인한 두통, 자율신경 교란, 불면, 혈압 교란과 같은 건강
문제를 겪게 되고, 난청과 같은 청각장애 위험이 커지며 생
산성도 낮아진다. 근로자들이 안전하고 건강하게 일하도록
환경을 정비하고 생산성을 유지하려면 BGN 레벨을 조절해
야 한다.

하지만 이렇게 다양한 소리가 많은데 어떻게 음식점의 시
끄러움이라는 문제를 해결할 수 있을까? 음식점 컨설팅 사
례를 바탕으로 BGN 레벨을 조절하는 방법을 소개하겠다.
내용이 조금 길지만 소리의 반사와 흡수에 대한 기본 법칙을
이해할 수 있다.

먼저 음식점의 음향 환경을 살펴보자. 많은 음식점에서 각
자 콘셉트에 따라 인테리어를 한다. 목재와 타일 바닥, 금속
제 가전제품과 비품, 공간을 넓게 연출하는 레이아웃, 카운
터 너머의 주방, 채광 창문, 유리로 된 벽 등 디자인이 다양
할 것이다.

여기에 직원들 목소리, 주방 안의 조리기구 소리와 식기
닦는 소리, 환기팬 소리, 테이블의 식기가 내는 소리, 요리사
들이 요리하며 내는 소리와 말소리, 고객과 직원의 발소리,
각 테이블의 말소리와 움직이는 소리, 배경음악, 냉난방 장

치의 바람 소리와 실외기 소리 등 수많은 소리(진동)가 서로 반향을 일으킨다.

BGN 레벨을 조절하려면 먼저 **단단한 표면과 부드러운 표면이 균형**을 이루어야 한다. 소리를 흡수하는 소재는 가게 안의 반향을 막는 데 도움이 된다. 또 일반적으로 부드러운 소재는 단단한 소재보다 소리를 더 잘 흡수한다.

발소리가 많이 나는 곳에는 흡음 카펫을 깐다

발소리가 많이 나는 곳을 찾아낸다. 이는 테이블 배치에 따라서도 달라지는데 대개 가게 입구의 리셉션 공간, 화장실 출입구, 주방 출입구가 1순위가 된다. 바가 함께 있는 레스토랑에서는 바 공간도 후보가 된다. 고객은 기본적으로 자리에 앉아 있으므로 다이닝 공간의 발소리가 문제되는 일은 거의 없다. 발소리가 많은 곳을 찾아낸 다음 발소리를 줄여주는 부드러운 소재의 카펫을 깐다.

창문에는 커튼을 단다

자연광을 받아들이고 가게 안 공간을 연출하는 창문은 매력적인 디자인 요소이지만 유리는 소리를 반사한다. 따라서 창문 주변 BGN 레벨을 주의해야 한다. 커튼이나 롤스크린은 가게 안을 보기 좋게 연출하면서 소리의 반사를 상쇄해

BGN 레벨을 낮추는 데 효과가 있다.

중후한 주름이 생기는 소재는 흡음 효과가 가장 뛰어난 만면 가게의 주제와 콘셉트에 따라서는 사용하기 어려울 수도 있다. 하지만 얇은 천도 소리의 반사를 막는 효과는 충분하다. 가게가 교통량이 많은 도로, 고속도로, 전철, 헬리콥터 또는 비행기 항로 옆에 있어서 밖에서 큰 소음이 나면 이중 방음창을 설치하는 등 방음 대책이 필요하다.

벽면에 식물을 둔다

식물은 잎, 줄기, 가지, 나무 기둥에서 소리를 흡수하므로 벽면을 따라 식물을 두면 BGN 레벨을 낮출 수 있다. 소리를 잘 흡수하는 퇴비가 들어 있는 큰 화분을 두면 실내를 장식하는 동시에 소리 환경을 개선할 수 있다. 식물은 가게 중앙보다는 구석에 두는 것이 효과적이다. 벽면에서 반사된 소리를 식물이 직접 받기 때문이다.

매장 바깥에서는 실외기 등 소음이 발생하는 원천을 둘러싸듯 식물을 배치하면 효과적이다. 식물은 흡음 효과와 함께 가게 안 공기도 정화한다. 돌참나무 같은 식물은 화재와 바람을 막는 데도 도움이 되며, 보기 좋은 상록수는 눈을 즐겁게 해준다.

천장, 벽, 바닥 사이의 반향을 막는다

바닥이 단단하고 벽과 천장도 화강암이나 대리석 또는 스테인리스 등 단단한 소재로 되어 있으면 지면(바닥), 벽, 천장 사이에서 소리가 반향을 일으켜 소음이 생긴다. 이러한 환경에서는 다음과 같은 사소한 소리도 커지고 만다.

- 발소리
- 의자에 앉는 소리, 의자를 끄는 소리
- 테이블 위의 식기 소리
- 테이블에서 손님들이 대화하는 소리
- 스피커에서 나오는 배경음악
- 천장 부근 냉난방 장치 소리
- 주방에서 나는 요리·식기·기계·설거지 소리, 요리사들의 말소리

이때 천장에 흡음 타일(부드러운 천 소재 등)을 붙이거나 머리 위에 방음 패널을 두면 소리를 억제할 수 있다. 벽면에 천을 붙인 패널을 설치하는 것도 효과적이다.

소리를 의식해서 의자와 테이블을 선택한다

단단한 소재로 된 바닥에 단단한 소재로 된 의자를 놓으면

고객이 의자를 끌거나 밀 때마다 바닥과 의자 다리의 마찰음이 가게 안에 울려 퍼진다. 푸드코트에서 사용하는 유형의 의자가 그 전형적인 예다. 여기저기서 '끽끽'거리고 마치 손톱으로 칠판을 긁는 듯한 소리가 생겨 푸드코트 안에 메아리친다. 이때 의자 다리에 카펫 조각 또는 펠트지를 붙이거나 의자 다리용 고무 캡을 씌우면 BGN 레벨을 낮출 수 있다.

소리를 흡수하는 데는 천을 덮은 의자가 효과적이다. 가게 안의 디자인 콘셉트와 맞지 않는다면 등받이에 무릎담요를 걸쳐 놓기만 해도 된다. 이는 고객 서비스 기능도 한다. 테이블 표면이 나무나 스테인리스 같은 단단한 재질로 되어 있으면 그릇, 포크, 나이프, 젓가락 등을 놓을 때 소음이 상당히 생긴다. 소리 흡수라는 측면에서는 식탁보를 까는 것이 가장 좋지만, 식탁보가 가게 콘셉트와 맞지 않는다면 테이블매트나 커다란 나뭇잎을 까는 것도 좋다.

와인 등을 차갑게 하는 아이스버킷 속 얼음도 상당한 소음을 유발한다. 아이스팩으로 대체하면 소리를 흡수하는 효과가 있고 제빙기를 사용하지 않아도 되므로 그 부분에서도 소음이 줄어든다.

여기서 언급한 소리 하나하나는 따로 들을 때는 그다지 거슬리지 않을 수 있다. 그러나 이 소리들이 쌓이면 가게 안의 BGN 레벨이 점점 높아진다. 개별적으로는 거슬리지 않는 소리가 쌓이고 쌓여 불필요하고 번잡한 BGN을 만들어내지 않도록 소리를 하나하나 배제해나간다는 발상도 중요하다.

전자기기를 멀리 떼어놓는다

제빙기, 맥주 서버, 에스프레소 기계, 블렌더 같은 전자기기를 식당의 중심인 다이닝 공간에서 먼 곳에 배치하면 BGN 레벨을 낮출 수 있다. 또 전자기기 아래에 흡음 소재를 깔거나 측면에 흡음 패널을 붙이는 것도 효과적이다.

주방 주변에 부드러운 소재로 된 천을 놓는다

채소를 써는 '탕탕' 소리, 프라이팬 위에서 '치익' 음식이 익는 소리, 냄비에서 '보글보글' 끓는 소리, 식기가 '달그락달그락' 부딪치는 소리는 식욕을 높이는 '애피타이트 사운드'다. 그러나 식당의 주방에서는 가정의 주방과 달라서 요리할 때 움직이는 소리, 식기 닦는 소리, 냉장고의 컴프레서 소리 같이 불쾌한 소리도 다양하게 발생한다. 이때 부엌과 다이닝 공간 사이에 방음문을 설치해 BGN 레벨을 낮출 수 있다.

주방을 둘러싸듯 카운터를 배치한 오픈 키친 구조도 흔한데 요리의 현장감을 연출하는 효과가 있지만, 주방에서 나는 소음 문제는 무시할 수 없다. 이러한 구조에서는 주방과 그곳을 둘러싼 카운터의 경계에 금속제 프라이팬이나 냄비, 에스프레소 기계 등 단단한 소재로 된 물건이나 소리를 만들어내는 물건을 배치하지 않는 것이 중요하다. 음식을 내놓는 공간에 비스듬하게 설치하는 투명한 플라스틱판에 천과 같이 부드러운 소재를 두면 원래 목적인 위생 기능에 더해 주방의 소리를 흡수하는 데도 도움이 된다.

참고로 와인 등 유리병은 뚜껑이 닫혀 있으면 소리를 반사하지만 열려 있으면 오히려 흡수한다. 유럽의 오래된 교회에서 벽면을 와인 병으로 두른 것도 그 때문이다.

개방형 사무실의
소음 문제

사무실의 소리 환경을 살펴보자. 사무실을 구성할 때는 효율성, 생산성, 공동작업, 효과적인 공간 관리를 목표로 하지만 대부분 소리 환경까지는 생각하지 않는다. 요즘 유행하는 개방형 사무실을 예로 들면, 활기가 넘치고 세련된 개방형 사무실은 소통하기 쉽고 칸막이 없는 공간은 협동성을 높이며 채광을 확보하기도 쉽다. 그러나 사무실 안의 BGN 레벨이 높아져 직원들의 생산성과 건강에 악영향을 미치는 측면이 있다. 사무실 BGN에는 다음과 같은 세 범주가 있다.

- **말소리** 회의 공간, 커피 등을 마시는 휴식 공간, 통화 소리, 사무실 내 다른 사람이 이야기하는 소리. 일하는 동안 귀에 들어오는 말소리는 매우 신경 쓰인다.
- **기계음** 프린터, 복사기, 컴퓨터 키보드의 '타닥타닥' 하는 소리, 컴퓨터 화면(컴퓨터 모니터가 여러 대 늘어서 있으면 소리를 반사하는 기계가 된다고 해도 지나친 말이 아니다), 냉난방 장치 등에서 나는 소리.
- **외부 소음** 실외기에서 나오는 저주파음, 자동차 소리, 주변 공사장, 다른 회사 사무실, 시설에서 나는 소리.

표면이 매끄럽고 구조가 개방적인 개방형 사무실은 소리를 반사하기 쉬워서 귀에 거슬리는 반향 등 환경 소음이 발생하기 쉽다.

시끄러운 환경은 건강을 해치고 생산성을 낮춘다

사무가구업체 스틸케이스와 시장조사업체 입소스의 조사에 따르면 사무실 BGN 때문에 하루에 86분이 낭비된다고 한다.[20] WHO 발표에 따르면 직장의 BGN이 원인으로 보이는 건강문제(우울증 등)로 인한 휴직(근로 일수 감소), 거기에 동반되는 의료비용, 생산성 저하는 영국에서 **연간 300억 파운드(약 40조 원!)의 손실을** 일으키는 것으로 추정된다. 사무실의 소리 문제는 경제활동 측면에서도 시급히 해결해야 할 과제인 것이다.

개방형 사무실은 직원들이 공동으로 작업하고, 아이디어를 공유하고, 소통하는 데 최적으로 설계되었다고 여겨진다. 그러나 그 설계 자체가 생산성과 건강을 해칠 여지도 있다. 예를 들면 다음과 같은 연구 결과가 있다.

- 칸막이가 없는 사무실에서는 모든 소리가 잘 들린다. 동료들이 움직이는 소리, 말소리, 전자기기 소리 등이 좋든 싫든 들리는 환경에서는 직원들의 **생산성이 낮아진다.**[21]
- 업무에 집중할 때 잡음이나 BGN이 들리면 **주의력이 흐트러진다.** 그러한 환경에서는 주의력을 되찾기 어렵고,[22] 읽고 쓰는 속도와 정확성도 떨어진다.[23]
- 개방형 사무실의 BGN 환경에서 세 시간 동안 일하면 스트레스 반응 호르몬인 에피네프린 수치가 올라간다. 또 몸을 앞으로 숙인 자세로 앉기 쉬워져 요통과 디스크 등 골격계 질환의 위험이 높아진다.[24]
- BGN 레벨이 높은 환경에서 간헐적으로 작업해도 스트

레스 호르몬인 코르티솔 농도가 상승하는 등 스트레스 반응이 관찰된다. 여성은 생리불순이 올 우려가 있다.[25]

◦ 칸막이가 없는 개방적 공간에서는 자신은 물론 다른 사람 말소리와 일하는 소리가 쉽게 들려 사운드 프라이버시 문제가 발생한다. 시드니대학교에서 조사한 결과에 따르면 직원들의 최대 불만은 사운드 프라이버시 부족이었다.[26]

사무실의 BGN 레벨을 낮추는 7가지 방법

우리 가운데 다수는 하루 중 많은 시간을 사무실에서 보내기에 사무실의 음향 환경은 특히 중요하다. 그렇다면 사무실 구조를 어떻게 설계해야 할까?

바닥 소재는 부드러운 것을 사용한다

목재나 타일 등 단단한 소재로 된 바닥 표면은 직원들이 사무실을 오갈 때 발소리를 만들어낸다. 부드러운 소재로 되어 있거나 흡음 또는 방음 처리가 충분히 된 바닥재를 선택하면 BGN 레벨을 낮출 수 있다. 바닥이 이미 단단한 소재로 되어 있다면 흡음 또는 방음 처리된 타일 카펫을 바닥에 까는 게 좋다.

전자기기를 다른 곳에 둔다

프린터나 복사기가 사무공간 가까이 있으면 편리하지만 이러한 기계가 작동하는 소리는 BGN이 된다. 프린터와 복사기 제조사들이 저소음 모드를 개발하는 등 노력한 결과 인쇄할 때 소리는 예전보다 조용해졌다. 그러나 여전히 BGN의 원인 중 하나다. 이러한 전자기기는 직원들이 있는 업무공간과 떨어진 곳에 설치하는 것이 더 현명하다.

조용한 공간을 제공한다

근본적인 해결책은 아니지만 업무량이 많고 집중이 필요할 때 사용할 수 있는 조용한 공간을 준비하면 BGN에서 떨어져 집중할 수 있는 작업 환경이 생기므로 생산성을 높일 수 있다. 방음 기능이 있는 전화 부스와 같은 오피스 큐브를 설치하는 것도 한 가지 방법이다.

방음성이 높은 대화 공간을 준비한다

조용한 공간과 대조적으로 팀 미팅이나 교육, 열띤 대화를 하는 공간을 따로 준비하면 주변을 신경 쓰지 않고 활발하게 논의할 수 있다. 이러한 공간에도 방음이 필요한데 기존의 회의실을 대화 공간으로 만든다면 실내 바닥에 방음재 또는 방음 카펫, 벽면에 흡음재 또는 방음재로 된 방음 패널을 설치하는 것이 좋다.

흡음 패널을 설치한다

음향 패널이라고도 하는, 소리를 흡수하도록 특별히 설계된 흡음 패널을 벽과 천장에 설치하면 비용 대비 효과가 크다. 음향 패널은 사무실 디자인에 장식 요소를 더하는 용도로도 다양하게 응용할 수 있다. 음향 패널을 설치하기 어려울 경우 벽면에 부드러운 재질로 만든 태피스트리 등을 걸면 BGN을 줄일 수 있다.

사무실에 식물을 둔다

식물은 음식점의 BGN 레벨을 조절할 때와 마찬가지로 흡음에도 효과가 있다. 또 사무실 안의 산소 농도를 개선하고 습도를 조절하는 등 공기 청정 효과도 있다. 식물은 이러한 효과 외에도 사무실의 디자인을 풍요롭게 하고 마음을 이완하게 해주는 효과가 있어 스트레스를 완화하는 데 도움이 된다.

BGN을 마스킹한다

얼핏 이치에 맞지 않는 듯 보일 수 있지만 사무실 안에 존재하는 BGN에 다른 소리를 추가하면 원래 존재하던 BGN이 배경으로 물러나서 마치 조용한 공간인 듯 느껴지는 경우가 있다. 예를 들어 '안녕'이라는 글자 위에 '정글'이라는 글자를 마스킹하면 정글이 앞에 보이고 안녕은 잘 보이지 않는다. 이와 마찬가지로 BGN을 다른 소리로 마스킹해서 원래 있던 BGN이 잘 들리지 않게 하는 것이다.

마스킹 소리의 후보로는 화이트 노이즈가 주로 등장한다. 그러나 화이트 노이즈 음량을 사무실에 있는 사람들 목소리를 효과적으로 마스킹할 만큼 증폭하면 오히려 귀에 거슬리는 제2의 BGN이 될 수 있다. 핑크 노이즈에 자연의 소리를 효과적으로 섞은 사운드 이펙트라면 사무실 BGN을 마스킹할 뿐 아니라 따뜻한 햇볕에 조금 떨어진 곳에서 흐르는 시냇물 소리, 살랑살랑 흔들리는 잎사귀 소리, 멀리서 지저귀는 새소리 등을 넣을 수 있으므로 편안한 환경을 디자인할 수 있다.

시간대에 따라 소리에 변화를 주면 환경을 더욱 개선할 수 있다. 퇴근시간 30분 전과 15분 전에 서로 다른 유형의 새소리를 틀어주고, 금요일 퇴근시간에는 다른 동물 소리나 악기로만 된 멜로디를 틀면 시간관리에도 도움이 된다.

BGN 마스킹에 바흐나 모차르트 같은 클래식 음악, 감미로운 재즈, 조용한 팝송 등은 어떠냐는 질문을 자주 받는다. 그러나 이러한 음악은 기존의 BGN에 '덧붙이는' 소리가 되므로 적절하다고 할 수 없다.

사무실의 BGN 레벨을 낮추려면 처음부터 음향, 환경, 심리효과를 고려해 사무실을 설계하는 것이 가장 좋다. 이미 완성된 사무실이라면 앞에서 설명한 일곱 가지 방법을 도입해 환경을 정비할 수 있다.

직원들의 생산성과 정신건강을 포함한 건강을 유지하고 정착률을 높이려 사무실 소리 환경을 정비하는 일은 다른 여러 복리후생과 비교해도 비용 대비 효과가 충분히 기대된다.

지속가능한 성장 전략의 하나인 소음 대책

지금까지 소음 문제가 그다지 주목받지 못했기 때문에 이를 개선하기도 상당히 어렵다. 여기서 생각할 수 있는 게 소음 대책을 비즈니스 전략의 위치에 올려놓는 일이다. 그리고 그 열쇠는 지속가능한 개발목표에 있는 것으로 보인다.

최근 많이 거론되는 지속가능 개발목표(SDGs: Sustainable

Development Goals)는 2015년 유엔회의에서 제시한 지속가능한 세상을 실현하기 위한 17가지 목표와 169가지 표적으로 구성된 국제사회의 공통 목표다.

성장 분야가 제한된 현재 비즈니스 환경에서 경제 효과가 기대되는 지속가능 개발목표 분야에 나서는 일은 기업이 본래 사업활동과 경제활동으로 기업 가치와 브랜드 가치를 높이는 공유가치창출(CSV: Creating Shared Value) 발상을 실천할 기회라고도 할 수 있다. 기업 이익을 지역사회에 환원하는 기업의 사회적 책임(CSR: Corporate Social Responsibility)에서 CSV로 발상을 전환하는 일은 기업의 장기 생존전략에서도 매우 중요해질 것이다.

사무실의 BGN과 저주파 소음 문제는 해마다 늘어나는 우울증 같은 정신건강 문제 측면에서도 중요한 부분 중 하나다. 근로자가 건전한 소리 환경에서 일하는 것은 생산성을 높일 뿐만 아니라 이직률을 낮추는 등 큰 경제적 효과를 기대할 수 있다.

소리 환경 문제는 앞으로 다양한 기업이 '귀를 기울여' 대처해야 할 과제다. 그리고 불필요한 소리를 배제해 건강하고 풍요로운 생활을 지속가능하게 만드는 것은 지금 필요한 일이다.

소리 환경 후진국

일본의 소리 환경은 매우 심각한 상태라고 할 수 있다. 그 증거로 2018년 WHO가 발표한 '환경 소음 가이드라인'[27]은 우리 환경 기준[28]과 거리가 멀다. 예를 들어 도로의 가이드라인 수치를 보면 WHO 권고는 53데시벨인 반면 일본의 환경 기준은 70데시벨(주간 간선도로)이다.

소음 문제는 지금까지 주로 공장이나 기계 제조, 운수 차량 등과 관련된 기업의 과제로 인식되어왔다. 그러나 실제로는 우리 생활의 모든 부분과 관련된 문제다. 따라서 앞으로 소리 문제에 다양한 기업이 귀를 기울이게 되길 기대한다.

전철에서 생기는 소음 문제

도시 지역에서는 통근과 통학을 하느라 긴 시간 전철을 타는 사람이 많다. 지하철과 전철의 차량 내 BGN 레벨은 약 80데시벨이다. 급행열차가 통과할 때는 100데시벨이 넘고, 이용자가 많은 통근·통학 시간대에는 110~120데시벨에 달한다.

85데시벨 이상은 소음성 난청 위험의 경계선이라고 한다. 미국 환경보호청EPA[29]에 따르면 114데시벨에 4초 이상, 117데시벨에 2초 이상, 120데시벨에 1초 이상 노출되기만 해도 난청 위험이 따른다. 이러한 큰 소음에 만성적으로 노출되면 두통, 불면, 자율신경 교란, 우울, 주의력 저하, 권태감, 인지장애 등 다양한 건강 위험에 노출된다.

그러나 전철이 통근과 통학을 할 때 이동수단인 이상 이용하지 않을 수는 없으니 헤드폰이나 노이즈 캔슬 이어폰, 귀마개 등으로 소음을 차단해 스스로 보호할 수밖에 없다. 뉴욕의 최신 지하철MTA에서는 교통 소음 줄이기를 적극적으로 실시해서[30] BGN 레벨을 상당히 개선했다. 우리 공공교통기관에서도 BGN 레벨을 낮추는 조치를 취하기를 기대한다.

저주파음이 건강을 해치는 문제

청각은 저주파음(낮은 소리)에 둔감한 면이 있어서 BGN 레벨이 높지 않으면 소음이 있다는 사실을 알아차리지 못하기도 한다. 요즘 특별한 이유 없이 컨디션이 나쁘다면 아마 저주파음이 그 원인일지도 모른다.

저주파음에 장시간 노출되면 두통, 불면, 집중력 저하, 어깨 결림, 권태감, 두근거림, 현기증, 혈압 상승, 소화기관 질환, 알레르기, 불임, 부인과 질환, 청각장애 등의 위험이 커질 가능성이 있다. 또 정신적 피로가 심해지면 건강이 위협받고 실수로 인한 사고가 증가하는 것으로 알려져 있다.[31, 32]

저주파음은 공장의 연소 장치, 고가도로, 전력 풍차 등에서 발생하지만 우리 생활과 매우 가까운 곳에도 있다. 오랜 시간을 보내는 사무실, 학교, 병원, 시설, 집에는 대부분 냉난 방 기기가 있고 거기에는 실외기가 딸려 있는데, BGN 레벨 이 높으면 '우우웅' 하고 낮게 울리는 소리를 확실하게 들을 수 있다. 그러나 40데시벨 정도 BGN 레벨에서는 그 소리를 명확하게 듣지 못할 수도 있다.

실제로 필자도 냉난방 기기를 새로 산 후 이유 없는 두통 과 권태감, 숨참과 불면 등의 증상을 겪게 되었다. 처음에는 피로나 환절기 때문이라고 생각해 그다지 신경 쓰지 않았는 데, 난방을 튼 날에만 증상이 더 나타났다. 혹시나 싶어 저주 파음 레벨 측정기로 측정해보니 예상대로 방 옆에 설치한 실 외기에서 저주파음이 측정되었다. 그래서 실외기 내부 컴프 레서를 바꾸었더니 증상이 사라졌다. 역시 저주파음이 원인 이었던 것 같다.

저주파 소음은 사운드 마스킹을 이용한 완화 효과가 낮아 서 지금은 다음과 같은 대책만 생각할 수 있다.

* 실외기 아래에 흡음 또는 방음 패널을 깐다.
* 실외기 방향을 바꾼다.
* 실외기 주변에 식물을 둔다.
* 실외기 가까이에 긴 시간 있지 않는다.

우리는 평소 BGN 레벨에만 주의를 기울이다가 저주파 소음을 놓치기 쉽다. 주파수를 간편하게 측정할 수 있는 앱도 등장했으니 이번 기회에 주의를 기울여보면 좋겠다.

지나치게 조용한 것도
생각해볼 문제

BGN이 바람직하지 않다면 그 반대로 조용한 공간이 바람직할까? 그렇게 이야기가 단순하지 않다는 것이 소리 문제에서 골치 아픈 일이다. 예를 들면 지나치게 조용한 가게에서는 옆 테이블의 대화가 잘 들린다. 이는 동시에 자기 목소리도 옆 테이블에 잘 들린다는 뜻이다. 지나치게 조용한 공간에서는 프라이버시가 침해되는 것이다.

그런 공간에서 음식을 먹으면 씹는 소리와 삼키는 소리가 두드러진다. 몇 년 전 필자가 지인과 우연히 들어간 도쿄의 한 작은 카페는 배경음악도, 다른 손님들 말소리도 없는 놀랍도록 조용한 곳이었다. 사장님이 커피 내리는 소리만 가게 안에 조용히 울려 퍼졌다.

함께 간 사람과 이야기하기도 주저될 정도로 고요한 가운데 사장님이 정성껏 내린 커피의 향기가 오감을 자극했다.

그러나 커피를 홀짝이는 소리, 삼키는 소리, 커피잔이 받침에 '달그락' 닿는 소리 등 모든 소리가 가게 안에 울려 퍼져 말로 표현할 수 없는 긴장감 속에서 커피맛을 즐기지 못하고 그저 불편하기만 했다.

퍼스널 스페이스(인간이 자신과 다른 사람 사이에서 필요로 하는 공간, 거리)와 마찬가지로 자신과 타인 사이에는 '소리의 퍼스널 스페이스'가 있다.

자기 집이라는 공간에서는 가족이 음식을 먹는 소리가 그다지 신경 쓰이지 않고, 자신도 특별히 신경 쓰지 않으며 음식을 씹고 삼킨다. 반면 사회적 공간에서는 타인이 내는 소리가 들리거나 자신이 내는 소리가 타인에게 들리면 불편해진다.

소음의 반대는 정적이 아니다. 중요한 것은 그 자리에 맞는 사운드 디자인이 되어 있느냐다.